MEDO
A FRAUDE QUE NOS APRISIONA

EDITORA EME

Solicite nosso catálogo completo, com mais de 400 títulos, onde você encontra as melhores opções do bom livro espírita: literatura infantojuvenil, contos, obras biográficas e de autoajuda, mensagens espirituais, romances palpitantes, estudos doutrinários, obras básicas de Allan Kardec, e mais os esclarecedores cursos e estudos para aplicação no centro espírita - iniciação, mediunidade, reuniões mediúnicas, oratória, desobsessão, fluidos e passes.

E caso não encontre os nossos livros na livraria de sua preferência, solicite o endereço de nosso distribuidor mais próximo de você.

Edição e distribuição

EDITORA EME
Caixa Postal 1820 - CEP 13360-000 - Capivari - SP
Telefones: (19) 3491-7000 | 3491-5449
Vivo (19) 99983-2575 | Claro (19) 99317-2800
vendas@editoraeme.com.br - www.editoraeme.com.br

Josué Douglas Rodrigues

MEDO
A FRAUDE QUE NOS APRISIONA

Uma abordagem do medo à luz da doutrina espírita

Capivari-SP
- 2014 -

A Editora EME mantém o Centro Espírita "Mensagem de Esperança", colabora na manutenção da Comunidade Psicossomática Nova Consciência (clínica masculina para tratamento da dependência química), e patrocina, junto com outras empresas, a Central de Educação e Atendimento da Criança (Casa da Criança), em Capivari-SP.

1ª edição - maio/2014 - 2.000 exemplares

CAPA | Victor Augusto Benatti
DIAGRAMAÇÃO | Victor Augusto Benatti
REVISÃO | Editora EME

Ficha catalográfica elaborada na editora

Rodrigues, Josué Douglas, 1954
Medo - A fraude que nos aprisiona / Josué Douglas Rodrigues - 1ª ed. mai. 2014 - Capivari, SP : Editora EME.
176 p.

ISBN 978-85-66805-32-1

1. Psicologia e espiritismo. 2. Considerações sobre o medo.
3. Estimulo à coragem. I. TÍTULO.

CDD 133.9

SUMÁRIO

APRESENTAÇÃO

É AMPLAMENTE APREGOADO, COM respaldo no conhecimento científico, que nós humanos utilizamos somente uma pequena parcela da capacidade potencial de nosso cérebro. Cabe-nos perguntar, por que isso acontece e o que fazer para aproveitar melhor os recursos desse órgão fantástico que, afinal de contas, parece estar a nos desafiar, insinuando que podemos fazer melhor. O próprio conceito de *superconsciente*, descrito pelo espírito André Luiz, através da psicografia do querido Francisco Cândido Xavier, informa-nos que há, em nosso cérebro, a *"casa das noções superiores"*, onde se *"demoram o ideal e a meta superior a ser alcançada."*[1].

Muitas respostas e diversos caminhos buscam resolver a questão, com que damos início a este trabalho, mas, certamente, o medo é um dos responsáveis por essa infame limitação.

Em passado não muito remoto, era comum que os circos apresentassem elefantes adestrados em seus espetáculos. Era evidente que esses animais, por seu tamanho avantajado e força descomunal, causariam sérios problemas, caso decidissem fugir. Mantê-los em jaulas estava fora de questão, uma vez que teriam que ser

1 *No mundo maior*, pelo espírito André Luiz, psicografia de Francisco Cândido Xavier - FEB - Federação Espírita Brasileira

grandes e dispendiosas demais; a única e desalmada solução foi, então, acorrentá-los por uma das patas traseiras. É bem verdade que poucas correntes resistiriam a uma firme tomada de decisão de fugir por parte desses animais gigantescos; surpreendentemente, porém, bastava que sentissem a frágil resistência da corrente em uma de suas patas, para não arriscarem maior esforço no sentido de se libertarem, talvez por compreenderem, ingenuamente, que qualquer tentativa nesse sentido seria inútil. Assim age o medo em nossas vidas: é como uma corrente frágil, que nos aprisiona a uma pequenez mentirosa, inibindo nosso potencial evolutivo e criativo, tornando-nos, com isso, caricaturas de quem, de fato, somos. Bastaria um mínimo de coragem, determinação e esforço, para arrebentarmos a tênue prisão; todavia, fomos programados psicologicamente e moralmente, de diversas formas, para acreditar que a corrente é infinitamente mais forte que nós.

Como veremos, em muitas de suas parábolas e sermões, o divino mestre Jesus demonstra-nos, de forma clara e quase explícita, que o medo, em suas diversas manifestações, é um dos maiores entraves em nossa caminhada para a plenitude.

Interessante lembrar, também, que no capítulo 42 do livro *Nosso Lar*, também pelo espírito André Luiz, faz-se referência a "exercícios adequados contra o medo", praticados no plano espiritual. No capítulo 43, constata-se, também, a existência de uma "escola contra o medo". Por tratar-se de relatos que dizem respeito ao mundo espiritual, estes passam a ter relevância inquestionável. Cabe-nos perguntar: Como seriam esses exercícios e quais os ensinamentos recebidos na "escola contra o medo". Em se tratando de exercícios e ensinamentos ministrados em uma "escola", é evidente que contenham certa complexidade e requeiram treinamento, que demande tempo e esforço disciplinados por parte dos discentes, não podendo ser expressos de forma simplificada.

Podemos, entretanto, investigá-los e perscrutá-los através da doutrina dos espíritos. Com base nos ensinamentos de Jesus, essa bendita doutrina chega até nós com abundância de elucidações e detalhamentos, mediante o concurso amigo dos espíritos benfeitores, que seguem esclarecendo-nos, ininterruptamente, e orientando-nos através da mediunidade benfazeja e do auxílio, também útil, do conhecimento científico humano que, embora limitado, pode secundar, de maneira didática e acessível, as revelações do mundo espiritual.

Assim sendo, o medo, junto com seus parceiros diletos, a ignorância e a preguiça, além de limitantes, constituem a origem e o esteio de todo sentimento de infelicidade existente na alma humana. Trata-se da mais terrível das prisões, que nos retém a todos.

Não houvesse a preguiça, não haveria a ignorância; não houvesse a ignorância, o autoconhecimento e o discernimento maduro espantariam os medos irracionais e combateriam a preguiça; não grassando a preguiça não grassaria a ignorância... Mantém-se, assim, uma reação em cadeia, viciosa e infinita, tão complexa quanto real.

Como veremos, esse círculo vicioso, exterminador da felicidade humana, pode ser combatido e destruído, preferencialmente a partir de um dos seus três fundamentos: o medo.

Começar pelo medo é boa estratégia, pois a ignorância só começa a ser enfraquecida após considerável tempo de estudo e reflexão, o que só se faz com muito trabalho e, portanto, sem preguiça.

Começar pela preguiça, por sua vez, é caminho pouco eficaz, porque a mesma só é vencida depois de muita persistência e só vem a surtir efeito em longo prazo. Desânimos, expectativas frustradas e até mesmo desistências são ocorrências frequentes nessa via.

Portanto, atacar de frente o medo é o melhor e o mais curto caminho para o êxito, pois a própria decisão de superá-lo, assim como os primeiros resultados obtidos, tem o dom mágico de trazer entusiasmo, alegria e a consciência do poder imenso do qual Deus nos proveu.

Ainda assim, existem armadilhas a serem evitadas e adversários a serem conhecidos. A luta, porém, é nobre e a recompensa, imensa.

1

AS ORIGENS DO MEDO

O MEDO TEM ORIGENS profundas na alma humana, e conhecê-las faz parte *do 'bom combate'* pregado por Paulo, apóstolo de Jesus (Segunda Carta de São Paulo a Timóteo, 4:7).

Existe o medo primordial, que é o medo da morte enquanto fatalidade biológica, que interage, desta ou daquela forma, na psique humana como um todo. A morte e, por conseguinte, a hipótese da imortalidade, ocupou e ocupa sempre um dos primeiros lugares na mente das criaturas humanas, de forma indistinta, desde os primórdios da história humana.

Os trogloditas nas cavernas e os humanos contemporâneos, os orientais e os ocidentais, crianças, jovens e adultos, os ricos e os pobres, os cultos e os ignorantes, os poderosos e os explorados, os crédulos e os descrentes, os reis e seus súditos, os sacerdotes e os paroquianos, qualquer um que possa ser chamado humano, tem a mente povoada pela ideia da morte, ora como constatação assustadora da realidade, ora como promessa de libertação, ou ainda como tema sorrateiramente varrido para debaixo do tapete da racionalidade, como lixo incômodo e de difícil adequação no cotidiano.

Em qualquer situação ou época, com raríssimas exceções, lidar com o assunto 'morte' tem sido tarefa difícil para os seres humanos, seja no que diz respeito ao fenômeno aplicado a si mesmo ou a seus semelhantes.

Uma das dificuldades permanentes no trato com a morte é o alto grau de incertezas quanto ao que ela encerra. O homem primitivo, ainda desprovido das capacidades de reflexão e de comunicação suficientemente funcionais para o desenvolvimento e transmissão de ideias, crenças e valores, entendia a morte, observada na natureza e em seus semelhantes, apenas como um final inexorável, que transformava seres viventes em cadáveres putrefatos, o que já era uma constatação, no mínimo, repugnante.

Com os primeiros passos da evolução, muitas coisas tornaram-se mais claras e fáceis para o homem; as incertezas com relação à morte, porém, não só permaneceram inalteradas, como receberam apêndices e acessórios fantasiosos, na maioria das vezes deprimentes e assustadores, pois que inspirados, tão somente, na constatação primitiva acima descrita.

Assim permaneceu, por milhões de anos, o cenário reservado à morte no nosso planeta, até que, com o surgimento das primeiras organizações sociais humanas, que mereceram, então, ser chamadas de civilizações, surgiram também as primeiras religiões ou crenças organizadas, que trouxeram interpretações ou revelações sobre a morte e o mundo espiritual. Claro que tais interpretações baseavam-se em revelações ainda relativamente primitivas e eram apresentadas de forma figurativa ou mitológica, para que pudessem ser inteligíveis. O medo da morte, experimentado por seus seguidores, porém, permaneceu inalterado para a vasta maioria.

O desconhecido e as incertezas, por sua própria natureza oculta, já trazem, muitas vezes, o medo e, como vimos, a morte sempre esteve cercada de fantasias e mistérios. Encontra-se nela, a origem de quase todos nossos medos. O ato de caminhar sozinho, em meio à mata escura, por exemplo, provoca medo porque, em última instância, traz consigo a possibilidade de perdermos a vida de alguma forma. Mais adiante, veremos que o medo da velhice, e consequente rejeição que a mesma pode acarretar, assim como o medo de sermos obrigados a viver sem recursos materiais, o que na sociedade moderna se traduz por pobreza, as *fobias*, em geral, e os mecanismos de defesa do *ego*, encontram-se, todos, ancorados em nosso inconsciente e nele vinculados ao medo da morte.

Desde já, fica fácil compreender essa premissa, se refletirmos que se não tivéssemos medo nenhum de morrer, nada ou pouca coisa nos faria medo. Mahatma Gandhi declarou que *"Quem venceu o medo da morte, venceu todos os medos"*.

Em linhas gerais, os tipos de incertezas contidas na morte e que nos causam medo são as descritas a seguir. São elas que fazem com que a morte se nos apresente como algo temível. A origem do medo da morte e, por conseguinte, de todos os medos, nelas estão contidos:

a) A possibilidade de cairmos na inexistência total, no nada absoluto. Isso nos apavora, de verdade, pois como veremos, mais adiante, isso afronta violentamente nosso ego primitivo.

b) A possibilidade de continuarmos a existir, de alguma maneira, mas abrindo mão de nossa individualidade, diluindo-nos no pó do Universo. Deixar de sermos nós mesmos também é algo que não conseguimos admitir. Seria o final inglório de nossa história, enquanto indivíduos.

c) Num desdobramento das possibilidades anteriores, ficarmos privados de tudo aquilo que nos dá prazer, de tudo que amamos, de nossos afetos e de tudo que nos faz felizes.

d) A possibilidade (segundo muitas e diversas crenças difundidas ao longo dos séculos) de continuarmos a existir de alguma maneira, mas num local ou num estado de sofrimento temporário ou eterno, como forma de punição por termos sido maus durante a vida. Estamos falando, aqui, do inferno e suas inúmeras variações.

e) Acrescente-se, ainda, como simples agravante, a cada um dos itens citados, a possibilidade de sentirmos dor ou de termos que enfrentar sofrimentos físicos no momento da morte.

Até mesmo o medo da solidão encerra, em si, o medo da morte, pois cada célula de nosso corpo guarda a memória de tempos remotos, quando estar cercado de outros semelhantes dilatava muito a chance de sobreviver no ambiente hostil das florestas primitivas. E, convenhamos, esse mecanismo de sobrevivência ainda funciona muito bem, até os dias de hoje, nas ruas das grandes cidades.

Se considerarmos, então, que a rejeição social ou afetiva constitui, sem dúvida, ameaça de solidão, mais uma vez constatamos que, em se tratando de medos, a morte é onipresente.

Tomando, pois, como certo, que as possibilidades relacionadas são as grandes responsáveis pelo medo da morte, seria interessante perguntarmos o que aconteceria a esse medo e, consequentemente, a todos os outros dele advindos, se fossem eliminadas, ou ao menos reduzidas, as probabilidades de ocorrência das mesmas.

Antes de começarmos a responder a essa pergunta, gostaríamos de mencionar, uma pesquisa realizada em 1975 por Elizabeth Kübler, a respeito da reação de pacientes terminais, já desenganados pelos médicos. Tais pacientes parecem passar por cinco estágios claramente identificáveis, ainda que nem sempre todos os pacientes passem por todos os estágios. No que se refere aos quatro primeiros estágios citados, nem sempre a ordem apresentada abaixo coincide com a cronologia da ocorrência dos fatos.

1) Negação. Diante do choque da descoberta, o paciente nega que a morte seja iminente. Essa negação leva à ausência de comunicação sobre o medo da morte. O paciente se sente solitário e isolado, cheio de conflitos internos e culpas. A falta de sentido da existência é um golpe particularmente difícil.
2) Raiva. Mais cedo ou mais tarde, a negação cede lugar a expressões, emoções especialmente a raiva: Por que eu? Por que não os malvados? Está bem, estou morrendo, mas por que é tão doloroso? Não quero a sua piedade!

3) Barganha. É a fase do "serei bonzinho, caso sobreviva". Avarentos prometem tornarem-se generosos. Pessoas que se sentem culpadas por sua sexualidade exacerbada prometem total abstinência, e coisas do gênero. Mas quase ninguém é sincero. A barganha é sempre condicional, e não motivacional. O ego só se sacrifica se obtiver, em troca, aquilo que tanto deseja.
4) Depressão. Quando a barganha fracassa, a realidade começa a se instalar: sim, vou morrer, não existirei mais. Agora a pessoa tem uma profunda intuição de sua impotência diante da morte. É o equivalente à "sombria noite da alma" de que falam as práticas espirituais. Há a rendição, muito processamento inconsciente, e a intuição da irrealidade do ego.
5) Aceitação. Nesse estágio a depressão se encerra com uma mente aberta, a partir da qual um salto quântico criativo pode ocorrer, levando para além do jugo dos limites do ego, que se recusa a aceitar as

> possibilidades cósmicas da morte. Quando esse salto acontece, sobrevém certa paz interior. Neste estágio as pessoas vivem mais o momento, e costumam ter muitos *insights* criativos.

O temor provocado pela morte não é somente o temor de nossa *própria* morte; talvez mais frequente ainda e mais aterrador seja o temor que nos causa a possibilidade da morte de nossos entes queridos. Tal temor povoa, muitas vezes de maneira doentia, a mente de milhões de seres humanos.

Claro que o medo de perdermos entes queridos para a morte tem raízes profundas, com múltiplos aspectos igualmente profundos, da mente humana. Dentre esses aspectos, cabe aqui ressaltar os fortes vínculos afetivos, que nos mantêm num equilíbrio psicológico harmônico conosco mesmos e com o grupo social de nosso convívio. Não seria oportuno, nesta obra, buscarmos entendimento mais profundo da natureza e abrangência desses vínculos, bastando ressaltar que o suposto rompimento dos mesmos, pela chegada da morte, pode trazer, e normalmente traz, um abalo nesse equilíbrio, que pode durar meses, anos ou mesmo uma vida inteira.

Mais uma vez verificamos a presença da morte, por trás dos medos humanos, e podemos perceber que isso ocorre na medida em que consideramos a morte como um final ou uma interrupção brusca em tudo o que nós (ou nossos entes queridos) somos, um afastamento do real e palpável, para algo duvidoso e incerto.

Voltemos, então, ao questionamento iniciado anteriormente: se a morte não mais nos atemorizasse, teríamos, então, eliminado quase todos nossos outros medos? Pela lógica de causa e efeito, a resposta seria sim, uma vez que constatamos que todos, ou quase todos os medos, têm origem no temor da morte. Mas as questões mais importantes são: Poderíamos perder o medo da morte? Como isso seria possível?

Não só é possível perdermos o medo da morte, como isso já foi alcançado por muitos humanos, mesmo no mundo ocidental. É de suma importância ressaltar, aqui, que quando nos referimos à ideia de 'perder o medo da morte', estamos considerando dois aspectos fundamentais: o primeiro diz respeito à ausência real do medo da morte, inclusive, e principalmente, naquilo que a mesma tem, ou pode ter, de mais aterrorizante, conforme descrito anteriormente. Muitos indivíduos declaram não ter medo da morte meramente num sentido conceitual/filosófico, baseado em crenças pouco interiorizadas, porém se aterrorizam, como acontece à grande maioria das pessoas, quando forçadas a enfrentá-la face a face.

O segundo aspecto se refere ao caráter gradativo da libertação desse destemor, ou seja, não se perde o medo da morte com revelações ou descobertas instantâneas. Embora a raiz desse destemor esteja fincada na constatação e na convicção plena de que a morte é simplesmente uma alteração relativamente sutil da realidade, permanecendo inalterada nossa essência e tudo aquilo que ela compreende - a memória de nossa história, traços de personalidade, afetos, conhecimentos, liberdade de ação, etc. – essa constatação só é alcançada paulatinamente, com o acúmulo de experiências e descobertas ao longo de certo período de tempo.

O tempo necessário para que se alcance esse estado de consciência é flexível e depende de esforço e motivação individuais. As inúmeras e milenares doutrinas reencarnacionistas orientais, assim como o kardecismo, pregam que podem ser necessárias incontáveis reencarnações para que um indivíduo possa, quando encarnado, ter essa consciência. Entretanto, essas mesmas doutrinas, em sua maioria, afirmam que o atual estágio da evolução da humanidade já abriga no planeta multidões de indivíduos, aptos a atingir essa convicção, a qual, diga-se de passagem, não é fruto de uma fé cega em determinada doutrina, mas sim uma constatação experimental.

Já no final do século XIX, Léon Denis descreve, em seu livro *No invisível* (com diversas edições em português, pela Federação Espírita Brasileira), vários experimentos que demonstram, de forma empírica e inquestionável, não apenas a sobrevivência do espírito após a morte daquilo que possuímos de mais essencial e permanente, como também o caráter de continuidade de nossa personalidade e até mesmo de um corpo físico que, embora composto de matéria mais sutil, é tão real quanto nosso corpo carnal.

Os experimentos mais significativos, descritos por Léon Denis, referem-se às materializações e desdobramentos, pois são experimentos que, embora apresentem um caráter aparentemente extraordinário e fantástico, são, na realidade, fatos de observação simples e direta, sem a necessidade de equipamentos sofisticados e podem ser repetidos a qualquer momento.

Dessa forma, embora o medo da morte permeie a origem de todos os medos, estes têm manifestações e desdobramentos diversos, infiltrando-se e instalando-se em nosso cotidiano, à semelhança de intrusos usurpadores de nossa liberdade.

Para lograrmos uma compreensão satisfatória do medo da morte e de como este se manifesta, é necessário que compreendamos o conceito e as funções do *ego*.

O *ego*, no conceito freudiano, é uma parte da psique humana, que busca atender os desejos e exigências de nossos instintos primitivos, a partir de uma análise lógica e racional da realidade.

De acordo com Carl Gustav Jung, famoso psiquiatra austríaco, criador da psicologia analítica, ao nascer, a psique de um indivíduo compreende somente o inconsciente. A partir das experiências vividas e da respectiva memória das mesmas cria-se, com base nestas, um consciente e, em consequência, a respectiva divisão entre consciente e inconsciente. O *ego* é o centro de nossa consciência e não há nada inconsciente no mesmo, apenas conteúdos conscientes, derivados de nossa experiência pessoal. Não devemos, porém, confundir o *ego* com o consciente, porquanto ele é o centro, mas não compreende *todo* o consciente.

Podemos entender, na prática, o surgimento do *ego* quando um bebê de dois ou três meses de idade observa os movimentos de sua própria mão e descobre, com euforia, que é ele próprio quem os comanda. É nesse momento que o bebê tem a percepção de um 'eu', com vontade própria e que difere do meio externo. O desenvolvimento dessa percepção, com todas as decorrentes experiências físicas de causa e efeito e as demais sofisticações na interação com o mundo externo, constituem o surgimento e construção do *ego*.

A existência desse *ego* é necessária ao ser humano encarnado, pois desde os tempos primitivos, é ele que provê sua sobrevivência através do planejamento necessário na obtenção de alimentos, prazer e meios de preservação, o que inclui a realização de ações práticas objetivando adaptar os impulsos do inconsciente ao meio externo. É ele quem faz a intermediação entre os impulsos dos instintos e as ações externas que os mesmos motivam.

Assim sendo, é da natureza do *ego* não somente perceber o que ocorre ao seu redor, mas também tentar entender, analisar e planejar, conscientemente, toda nossa experiência, chegando a ignorar o inconsciente, pois este não pode ser compreendido ou analisado somente através da lógica conhecida pelo *ego*.

Apesar disso tudo, em razão de sua natureza, o *ego* age também como um limitador, pois sendo a lógica racional humana igualmente limitada, não seria possível açambarcar dentro da mesma, toda a realidade, e muitas coisas a transcendem infinitamente.

Por outro lado, valores ditos sublimes e elevados do ser humano, como o amor, a tolerância, a fraternidade, a solidariedade humana, entre outros, ficam como que semiocultos ao *ego*, dentre outros motivos por transcenderem à mera lógica, da qual o *ego* tanto necessita para sobreviver. Em outras palavras, o *ego* centrado somente no que pode ser útil à sua sobrevivência, ou à sobrevivência do indivíduo e seu prazer, entra em conflito com tudo que aparentemente contrarie esses objetivos. Isso inclui uma busca, geralmente frenética, não somente pela aceitação no meio social, mas também pelo domínio e controle máximo desse meio externo.

Fica claro que os referidos gestos de amor e

tolerância não estão, de forma alguma, alicerçados na lógica e muitas vezes até mesmo contrariam a lógica mais óbvia e flagrante. Da mesma forma, ímpetos de ternura e solidariedade sempre foram inúteis à sobrevivência do ser humano primitivo, que necessitava, isto sim, de violência bruta e truculência absoluta para o êxito na caça e na guerra, comportamentos esses que emergem do inconsciente até os dias atuais, em contraste com as conquistas, ainda que imaturas, da civilização moderna.

Evidencia-se assim, que o *ego* não somente teme a morte, como traz, em sua essência, a necessidade de evitar e combater qualquer evento que considere uma ameaça à sobrevivência do indivíduo; e é essa a causa primeira do medo da morte.

2

MEDOS COLETIVOS

EXISTEM INFINITOS DESDOBRAMENTOS DO medo, como, por exemplo, os medos de caráter coletivo que, como o próprio nome indica, afetam de maneira muito semelhante a todos nós humanos, fazendo-nos solidários quando esses medos se manifestam. Essa solidariedade, entretanto, se por um lado nos irmana, por outro, nos torna coniventes com uma fraqueza sórdida, que termina por *'desculpar'* e reforçar os medos assim caracterizados.

Porque temos medo ou preguiça de enfrentar e corrigir nossas próprias fraquezas e maus hábitos, somos coniventes com os mesmos no outro, não por uma indulgência nobre, que busca não julgar as fraquezas alheias, mas como um expediente que pretende disfarçar ou justificar nossa própria omissão no esforço reto e conveniente para sermos melhores.

É comum, por exemplo, que essa falsa indulgência classifique atitudes antiéticas como engraçadas, atribuindo-lhes um caráter de inocência e esperteza. O adolescente que simula uma doença para ausentar-se de uma prova para a qual não estudou, ou o motorista que suborna o policial de trânsito para evitar uma multa, estão ambos concretizando atos claramente desonestos e, portanto, passíveis de reprovação, e não um exercício inocente.

Muitos 'supostos' valores morais ou espirituais nos são empurrados 'goela abaixo', por conta do medo e dessa conivência desastrosa. Preconceitos e discriminações de toda espécie, convenções sociais absurdas, modismos aviltantes, superstições e crenças desprovidas de convicções que as embasem, são decorrências, que têm uma mesma origem: o medo coletivo, que, por sua vez, se origina no que Gustav Jung, famoso psiquiatra austríaco, denomina *inconsciente coletivo.*

Para Jung, o ser humano já nasce herdando um conjunto imenso de experiências vividas pelos seus ancestrais, que ficam registradas numa camada profunda da sua psique. É a esse conjunto de experiências armazenadas, que Jung dá o nome de *inconsciente coletivo.* É interessante ressaltar que, justamente por se tratar de experiências vividas pelo conjunto de seus ancestrais, o inconsciente coletivo está igualmente presente em todos os seres humanos.

A formação do *inconsciente coletivo* deu-se pela repetição infinita de situações, que imprimiram em nossos ancestrais impressões comuns, exigindo deles reações e respostas necessárias à sua sobrevivência e bem-estar. Por serem situações típicas da vida cotidiana e por terem sido repetidas, ao infinito, por milhões de indivíduos, ao longo dos séculos, acabaram por ficar impressas na memória coletiva e inconsciente da humanidade.

Sabemos, por exemplo, que muitos de nossos medos são irracionais e, não raro, o próprio indivíduo que os experimenta não os pode compreender. Isso ocorre porque tais medos têm origem no inconsciente. O medo excessivo do escuro, ou o medo de se estar só, pode ocorrer, porque estar no escuro ou não contar com a companhia de outros semelhantes, costumava significar risco grave e evidente para nossos ancestrais, na época em que habitavam florestas primitivas, repletas de ameaças reais. A repetição exaustiva dessa situação, ao longo de milênios, acabou por incorporar-se, então, ao inconsciente coletivo humano, fazendo do escuro um sinal de alerta, que nem sempre reflete uma ameaça real.

Decorre também daí o medo de ser rejeitado e, portanto, de não fazer parte de um grupo social definido. Embora saibamos que nos dias atuais esse 'pertencer a um grupo' já não está mais diretamente relacionado às chances de sobrevivência física, permanece o medo no inconsciente, e a mera possibilidade de ser excluído de um grupo social já desperta temor no campo consciente. Da mesma forma, existe certa sensação de segurança, quando nos sentimos aceitos e integrados a um grupo.

Além disso, temos que levar em conta que conviver com pessoas, que supostamente pensam e agem como nós, seria extremamente confortável, uma vez que tal situação excluiria qualquer possibilidade de confronto e não teríamos que nos esforçar para discutir pontos de vista divergentes, nem nos adaptar a costumes com os quais não concordamos. Sabemos, no entanto, que não existe identidade plena entre seres humanos, o que torna ilusória a ideia de um grupo social com tal homogeneidade.

É, portanto, pelo medo inconsciente e pela preguiça igualmente medrosa de construirmos um estilo de vida coerente com nossas convicções, que abrimos mão das mesmas, assim como da busca de conhecimentos e valores que façam de nós indivíduos mais plenos. Dessa forma, mentindo para nós mesmos e para os outros, tornamo-nos coniventes com os supostos valores do grupo. Esse comportamento é o que se costuma denominar '*adesivismo*'.

Nesse contexto, crenças absurdas são abraçadas e as atitudes sem ética, os maus hábitos e as degenerações de toda a espécie, longe de serem reprovadas e combatidas, são antes vistas como fator de união e até exaltadas como 'valores'.

O ambiente criado pelo adesivismo torna-se, então, ideal para o surgimento, desenvolvimento e manutenção de diversos tipos de relações sociais nefastas, pois dando abrigo velado ao medo e à ignorância preguiçosa, agrega no comodismo milhões de indivíduos. Desde instituições formais, com fundamentos sociais e políticos como o nazifascismo, com todo seu poder destrutivo, até modismos e hábitos aviltantes, como a banalização do sexo e a aceitação social do uso de drogas, têm por base, dentre outras coisas, o *adesivismo*.

O medo da rejeição tem, portanto, efeito devastador sobre suas vítimas, que infelizmente somos quase todos nós, inibindo o que há de mais nobre e original na alma humana, acarretando-lhe tristezas e frustrações. É um medo tipicamente coletivo.

Além de sua terrível capacidade destrutiva, as relações sociais adesivistas aprisionam o ser humano, como indivíduo e coletividade, dando um disfarce aceitável e falsamente benéfico ao medo que as origina, o que impede a realização do imenso potencial que cada ser humano traz em si mesmo, anulando as possibilidades de que ele venha a "cantar sua própria canção".

3

O MEDO E A INDIVIDUALIDADE PERDIDA

A NEGLIGÊNCIA NO CULTIVO dos valores próprios e originais de cada indivíduo, em função de um adesivismo castrador, pode resultar na perda quase total da própria individualidade.

A individualidade, em seu sentido mais nobre e profundo, reflete qualidades e características próprias de cada um, sobretudo no que diz respeito à maneira de perceber e relacionar-se com a vida. Sensibilidades, dons e afinidades específicas fazem de cada ser humano uma criatura divina fantástica que, com traços e centelhas de seu próprio Criador, é única e inimitável em todo o Universo, em todos os tempos. Jamais houve e jamais haverá criaturas idênticas. Essa diversidade infinita realça a beleza da coletividade humana, que assim como toda a natureza, compõe um mosaico de beleza igualmente infinita. É um todo único, formado por diversidades únicas, que se complementam numa sinergia fantástica, que escapa e transcende à compreensão da lógica humana.

Isso significa que toda a solidariedade e todos os laços de amor, não só prescindem, como também repelem naturalmente a padronização artificial e forçada das formas físicas, psicológicas e espirituais. Qualquer padronização, nesse sentido, só poderia ser artificial, posto que não estaria contida na natureza. Até mesmo gêmeos idênticos geneticamente, diferem em sua manifestação existencial.

Toda a natureza proclama essa diversidade. Uma selva virgem celebra a beleza e o equilíbrio de sua própria perpetuação num aparente caos, que na verdade é um todo harmônico composto de contrastes de cor, sons, aromas e movimentos que interagem entre si, desde as ínfimas moléculas, até os corpos celestes enormes e longínquos que participam intimamente dessa dança exuberante.

A diversidade, portanto, garante a vida e a beleza em suas infinitas formas, dimensões e níveis de percepção. Portanto, tentar eliminá-la é algo que, além de impossível, indica uma quase total alienação espiritual, o que equivale a um aprisionamento quase total nos enredos limitadores do *ego*.

No caso do ser humano, negar sua individualidade, equivale a abster-se de cantar sua própria e insubstituível canção na magnífica sinfonia universal. Portanto, que cada humano seja ele mesmo, original, inalterado e intocado, a não ser por si próprio, na busca de sua plenitude. Que saiba fazer suas próprias escolhas, que assuma os riscos e dores que só a ele couberem, e que trabalhe a seu modo e com sua força na busca do que escolheu, e por ser único e diferenciado, enriqueça seu próximo, amando-o, agregando e trocando com o mesmo, valores que só assim seriam partilhados.

Vale dizer ainda, que o gesto de abdicar de habilidades e dons individuais, deixando-os à margem da vida cotidiana, implica necessariamente a atrofia do mesmos, pois é lei natural e universal que recursos ou potências não utilizadas se atrofiem, na proporção direta do tempo em que não são postos em prática, sendo que a pior de todas as atrofias, e mãe de muitas outras, é a atrofia da liberdade individual. Ou seja, não exercer a sagrada liberdade de escolha, assim como o decorrente direito de ponderação e reflexão sobre as infinitas propostas e possibilidades postas ao alcance do indivíduo, tem a terrível consequência de torná-lo inábil ou quase incapaz de escolher seus próprios caminhos. É a verdadeira *paralisia do espírito*, que pela graça de Deus é temporária, visto que, cedo ou tarde, a frustração por ela provocada, torna-se perceptível e ao mesmo tempo insuportável, compelindo o indivíduo à busca de seu "eu" integral, de sua plena individualidade.

Quanto maior for o tempo em que, por medo e preguiça, o indivíduo abdicou de sua liberdade, mais custoso e trabalhoso será a retomada plena de sua capacidade para tomar o leme da própria vida.

Embora a *paralisia do espírito* possa permanecer vigente por muito tempo, a necessidade de se tomar decisões também se impõe no cotidiano. A vida sempre será feita de escolhas e decisões; porém, ao abdicar de dar conta das mesmas, mediante suas potencialidades próprias e individuais, o indivíduo estará compulsoriamente delegando-as, o que equivale dizer que alguém, algum fato ou circunstância acabará por fazê-lo em seu lugar.

Essa delegação é mórbida, e ocorre, muitas vezes, de forma consciente e com a falsa aparência de um nobre exercício de liberdade. Coletividades inteiras mutilam suas liberdades individuais, entregando-as, por exemplo, a supostas autoridades religiosas, que se tornam, de fato, autoridades, em decorrência do poder que lhes é dado pelos indivíduos, que transferem, às mesmas, sua 'intransferível' tarefa de refletir, ponderar e escolher. É bastante comum a delegação de poderes de escolha e decisão, não somente a supostas autoridades religiosas ou líderes políticos, mas também a cônjuges, pais, filhos ou pessoas proeminentes, que se destacam socialmente por sua suposta sabedoria ou fama. Assim são criadas as *autoridades implícitas*, que com o poder que lhes foi outorgado, são capazes de levar a cabo, com êxito, arbitrariedades absurdas, com sérios prejuízos aos outorgantes incautos.

Diante da necessidade de reflexões mais profundas sobre a vida, ou de qualquer dificuldade que demande escolha ou decisão, por preguiça ou medo, indivíduos procuram, com frequência, a quem transferir essas tarefas, e quase sempre encontram quem as assuma, nem sempre de forma bem-intencionada. Entretanto, se por um lado a transferência das tarefas de refletir e escolher ou decidir é possível, a responsabilidade pela escolha ou decisão permanece na alçada de quem transferiu a tarefa. Afinal, toda e qualquer decisão provoca consequências e efeitos infinitos e a mais elementar noção de justiça, ética e bom-senso torna evidente que o ato de delegar não isenta o indivíduo da responsabilidade decorrente desse ato e de suas consequências.

Quanto àquele que tomou para si a tarefa de decidir ou escolher pelo outro, ressalte-se que, além de comprometer-se perante as consequências de assumir de forma indevida essa responsabilidade, mesmo que agindo de boa-fé, é incompetente para levar a cabo tal tarefa, pois desconhece, objetivamente e subjetivamente, os valores e compromissos individuais daquele que está se omitindo, provocando, dessa maneira, distorções altamente significativas e perniciosas, no curso dos fatos.

Assim sendo, incontáveis vezes na história humana, incluindo nos dias de hoje, supostas elites religiosas/sacerdotais, revestidas dessa *autoridade implícita,* impuseram a milhões de fiéis ingênuos, doutrinas claramente repressoras, que os dominaram através do medo neles inculcado, qual seja, o medo da condenação ao inferno eterno pós-morte, onde demônios perversos provocarão sofrimentos infinitos a todos que não foram bons durante uma única encarnação na Terra, segundo critérios quase sempre complicados e de difícil compreensão, contidos nessas mesmas doutrinas. Incluem-se nesses critérios as explicações, muitas vezes bastante detalhadas do que é ser uma pessoa má ou boa, dispensando, dessa forma, seus seguidores da trabalhosa tarefa de estabelecer reflexões ou discernimentos éticos.

Se, por um lado, esses critérios possuem algum respaldo na verdadeira sabedoria e no bom-senso, para que dessa forma possam ser relativamente críveis, por outro priorizam rituais protetores, que livram os fiéis desse inferno, e que só podem ser ministrados por essa elite supostamente portadora de autoridade religiosa.

Com raras exceções, essas doutrinas exigem a necessidade de colaboração financeira por parte dos fiéis, com ameaças veladas, ou não, caso haja omissões ou recusas.

Uma vez estabelecida a base desse domínio, o passar dos séculos deu espaço para que doutrinas desse tipo agregassem em suas descrições sobre o Além, ingredientes alegóricos de efeitos psicológicos bastante eficazes na consolidação do medo. Essa estratégia de domínio, todavia, começou a apresentar francos sinais de desgaste nas últimas décadas do milênio passado, quando tais paradigmas dominadores começaram, paulatinamente, a ruir por conta da lenta, porém, inexorável, evolução espiritual humana.

A abdicação da individualidade não ocorre, entretanto, somente através do *adesivismo* grupal, ou da entrega da mesma a *autoridades implícitas*. Há também, nas sociedades humanas, a tendência de se estabelecer um *'status quo'*, que à semelhança do *adesivismo*, faz com que o indivíduo ceda boa parte de sua individualidade a *padrões sociais* aceitos, reforçados e reproduzidos indefinidamente. São verdadeiros paradigmas, que por sua própria natureza social, impõem-se, quase sem contestações, aos costumes e valores, preterindo e distorcendo considerações éticas mais elevadas.

Sociedades escravagistas, por exemplo, que permaneceram vigentes até finais do século XIX, reprimiram por muito tempo a indignação natural, que queimava o espírito de grande parte dos indivíduos, obrigados a assistirem calados à exploração cruenta de semelhantes que, além de escravizados, sofriam torturas extremas, embora essas mesmas sociedades, revestidas de uma falsa moral, arvoravam-se cristãs e acolhedoras de princípios morais e espirituais supremos.

As individualidades, esmagadas em sua revolta muda, ansiavam por arrancar a mordaça, por se manifestarem e, assim o fizeram, instituindo os movimentos abolicionistas, a princípio clandestinos e perseguidos, mas, finalmente, vitoriosos. Essa trajetória é, portanto, um exemplo da trajetória das individualidades, que nunca se submeteram totalmente, pois é na individualidade que brota a indignação, que somada à indignação de outras, constrói movimentos de evolução. É o sentido oposto, ou melhor, uma 'reação' ao *adesivismo* e à abdicação da individualidade. É o exercício pleno da liberdade, é algo que parte do indivíduo para a sociedade e não o contrário; é a *rebeldia dos justos* e a *ousadia dos bons*.

Nos dias atuais, há, também, principalmente nas sociedades capitalistas, um *padrão social*, que como tal, permeia as individualidades. Fruto de uma reprodução social que mantém, geração após geração, valores e premissas baseados em relações de domínio, mantidas através da ignorância e do medo. Os dominadores, neste caso, objetivam, pura e simplesmente, o acúmulo de riquezas e o poder específico, advindos disso, e diante dessa busca obcecada, tudo mais é selvagemente reprimido e quaisquer outros valores ou considerações, que contrariem esse *status quo*, são habilmente desarticulados e desconsiderados. O poder, assim constituído, só é perpetuado enquanto a ignorância e o medo perdurarem. Porém, para que toda essa relação doentia se prolongue, deve ser revestida de uma falsa moral, que torna aceitável, ou menos revoltante, o cenário em questão, aplacando, na medida do possível, a *rebeldia dos justos*.

Essa falsa moral não é simples ausência de princípios morais; pior que isso, ela reveste-se dos símbolos e roupagens de uma doutrina espiritual tradicional, difundida e, supostamente, aceita pela maioria. Como lobo em pele de cordeiro, ataca e devora os princípios que diz abraçar. Ironicamente, os princípios originais continuam a ser pregados, porém acrescidos de sofismas e interpretações habilmente desenvolvidas, a fim de se tornarem aceitos os descalabros interesseiros, praticados pela classe econômica dominante.

No caso do Brasil colonial, por exemplo, o catolicismo, que em si já apresentava distorções do cristianismo, que o originou, era abraçado com todas suas alegorias, externadas nas cerimônias, preceitos, templos, imagens sagradas, etc.. Para justificar uma economia escravagista flagrantemente anticristã, fabricou-se o sofisma de que pessoas da raça negra seriam visivelmente indolentes e intelectualmente inferiores, pelo fato de não serem humanos como os brancos dominantes, cogitando-se, até mesmo, se teriam alma imortal. Senhores de escravos, que com o apoio da Coroa Portuguesa, compravam, vendiam, acorrentavam, açoitavam e exploravam seus escravos, legalmente, também frequentavam cerimônias e ajudavam as igrejas com recursos financeiros, as quais, por orientação oficial de Roma, não poderiam aprovar a escravidão. No entanto, premidas pelo poder político e econômico vigentes, toleravam o convívio com esses senhores de escravos e aceitavam suas 'esmolas' generosas.

Entretanto, para que uma falsa moral possa prevalecer em qualquer sociedade moderna, é necessário que haja a ignorância da maioria, mantida num nível suficientemente profundo e estável, o que se obtém pela oferta de entretenimentos sedutores e alienantes, à semelhança do *'panis et circenses'*, praticado pelo império romano. Disso resulta a absoluta identidade de interesses, no mundo moderno, entre as grandes corporações capitalistas e os meios de comunicação em massa. As primeiras financiam e corrompem os segundos, que por sua vez garantem a sedução da maioria esmagadora dos cidadãos com a exibição exuberante e competente de entretenimentos vazios, que demandam dos mesmos cotas enormes de tempo, atenção e energia, esgotando-os e exaurindo quaisquer possibilidades de iniciativas criativas, que agreguem conhecimento, discernimento, reflexão e questionamentos. A prática da leitura edificante, por exemplo, é inversamente proporcional aos níveis de audiência registrados pelas mídias.

Além do papel alienante desempenhado pela mídia, cabe à mesma também o papel de auxiliar a formação da 'falsa moral' tão necessária num ambiente social de dominação. É um papel extremamente complexo, que articula de maneira sinérgica a desinformação, a alienação e a implantação de falsos valores, coniventes com todo esse contexto. O sofisma moral, que justifica e alimenta o sistema alienante e injusto do capitalismo do terceiro milênio, pode ser resumido na crença, de que quaisquer reflexões e conceitos voltados a disciplinar impulsos e instintos primitivos, não são conceitos verdadeiros, mas sim preconceitos moralistas, que nos impedem de sermos felizes, pois sermos felizes significa, segundo esse sofisma, principal e necessariamente, buscarmos a satisfação plena dos prazeres e instintos, diante do que quase tudo deve ser preterido; essa busca inclui, é claro, a obtenção de recursos financeiros na mesma proporção.

Sobram alguns valores de fachada, propagados pela mídia e praticados por poucos, que servem de verniz moral a um jogo de dominação e reprodução de valores. Curiosamente, esses são valores nobres e reais, que embora tenham origem elevada, não exigem do indivíduo, que pretenda levá-los a sério, mais do que a abstenção de alguns atos ilegais ou claramente insanos.

Trata-se de uma ética parcial, moderada e passiva, pois indica somente coisas que 'não' devem ser feitas, e que de fato jamais seriam feitas por qualquer cidadão que tenha as noções mais básicas e primárias da ética sob seu ponto de vista mais essencial, que é tornar possível o convívio social dentro de um nível de harmonia suportável. É uma ética complacente, que não exige grandes esforços ou posicionamentos coerentes e comprometedores. Atos de machismo, discriminações de todo tipo e desrespeito ao meio ambiente e aos idosos são exemplos típicos dessa lista, não muito longa, de proibições óbvias e infantis.

Ironicamente, o sexo desenfreado 'desde que se use preservativos', e a troca quase obsessiva de parceiros sexuais, são práticas implícita e explicitamente aprovadas e enaltecidas pela mídia. Suas consequências mais imediatas, entretanto, são varridas para debaixo do tapete e as ilações lógicas são desconsideradas, como se não houvesse relações de causa e efeito. A degradação da família, com seus decorrentes efeitos, e a gravidez precoce e imprevidente, por exemplo, são desdobramentos óbvios dessa moral frouxa. A própria incidência de doenças sexualmente transmissíveis é atribuída à negligência no uso de preservativos, e não à promiscuidade, francamente tolerada e até aprovada como própria de uma vida livre e sem moralismos retrógrados. Espera-se, que num clima de promiscuidade e orgia, que atinge adolescentes a partir dos 13 anos de idade, haja prudência e lucidez, para o uso de preservativos, ou para, na indisponibilidade momentânea dos mesmos, abster-se de relações sexuais.

Até mesmo o uso de drogas cai no desvario dessa falsa moral, e um cidadão adulto embriagado, desde que não dirija e não agrida fisicamente, é visto com complacência e até com humor, pelo senso comum e pela mídia. Condena-se o uso do álcool ao volante, alardeando-se estatísticas assustadoras de acidentes fatais decorrentes disso, e tolera-se, até com simpatia, a bebedeira supostamente inocente e brincalhona, na esperança vã de que alguém embriagado possa ter critérios lúcidos para decidir se vai ou não sentar-se ao volante.

Um dos exemplos mais expressivos da superficialidade moral em que vivemos é o que na primeira década do terceiro milênio foi identificado e classificado como *bullying*. Evidentemente trata-se de um comportamento que embora amoral, já acontece há milênios e, provavelmente, sempre existiu em quase todas as civilizações do planeta, e mais evidente ainda é o fato de que o mesmo é mais uma manifestação, entre milhares, da infância evolutiva que a maioria da espécie humana ainda atravessa. Enquanto valores morais e espirituais não forem descobertos, cultivados e ensinados no lar e nas escolas, além de valorizados pelo exemplo, inclusive dos meios de comunicação, não somente o *bullying*, mas todas as mazelas decorrentes dessa imaturidade grassarão sobre a Terra; entretanto, o que ocorre é o inverso, ou seja, famílias, instituições da educação e mídias de massa, aliam-se numa ação conjunta e se reforçam mutuamente, desprezando qualquer esforço coletivo ou individual de amadurecimento evolutivo e, pior ainda, incentivando, divulgando e valorizando estilos de vida degenerados e lascivos.

A mídia condena, a lei proíbe, os educadores coíbem e o senso comum repudia o *bullying*; entretanto a raiz e a seiva que alimentam, não só o *bullying* mas todo o conjunto desumano de violências, perpetrado pelo egoísmo materialista, seguem crescendo e fluindo vigorosamente, no convívio social. Proibir e condenar somente os sintomas decorrentes de um mal que continua sendo cultivado é, no mínimo, absurdo, e assim, o *bullying* continuará e provavelmente crescerá, porém de forma sofisticadamente camuflada para escapar da condenação formal e superficial de uma sociedade também superficial.

A violência física, em todas as suas formas e circunstâncias, é severamente condenada e reprimida, exceto quando transmitida a cores e glamourizada via satélite para quase todo o globo, a partir de um *'octógono'* da *UFC*, Ultimate Force Combat, que é a arena de luta entre humanos arduamente e eficientemente treinados para agredirem-se violentamente, com a ressalva de regras que evitam, ou tentam evitar, a morte, invalidez e sequelas visíveis. É aceitável que crianças assistam livremente às lutas e tenham como ídolos, indivíduos que têm por profissão massacrarem-se, porém é, ao mesmo tempo, reprovável que façam qualquer coisa semelhante no pátio da escola ou na rua. O octógono e as regras mínimas, que incluem a interrupção da luta, quando um dos gladiadores mostrar sinais de estar sendo gravemente massacrado, tornam moral e glamorosa a, coincidentemente lucrativa, UFC. E não faltarão os contemporizadores de plantão, que defenderão a validade moral dessas diferenças. Talvez estejamos submergindo numa insanidade crônica e coletiva.

O *bullying*, a violência urbana, as discriminações, o sexo sem preservativo, os acidentes provocados por motoristas embriagados e grande parte dos infindáveis problemas sociais crônicos, são, portanto, a manifestação última e mais perversa de uma ignorância espiritual empedernida, e antes de serem proibidas e reprimidas devem ter suas causas primeiras investigadas. Seria altamente construtivo investigarmos o que leva jovens à prática do *bullying* ou a discriminação, culminada com agressão física, a homossexuais ou a indivíduos de raças ou etnias minoritárias.

Assim, a manipulação da alma humana, subliminar e ao mesmo tempo explícita, é lograda com o apoio da mídia através de todas as suas formas de expressão. Seriados de TV, telenovelas, peças publicitárias, campanhas institucionais governamentais, jornalismo, etc., e da mesma forma todos os canais de comunicação em massa e seus respectivos conteúdos, encontram-se alinhados e articulados, para manter e reproduzir uma cultura de *paralisia do espírito* e deterioração da individualidade, conivente e aliada aos interesses de um capitalismo explorador e manipulador.

Pierre Bordieu, prestigiado filósofo e sociólogo contemporâneo francês (1930 - 2002), um dos mais lidos e citados pensadores de sua época, ex-titular da cadeira de Sociologia no Collège de France, Paris, foi a fundo no aspecto social dessas questões, atualizando conceitos, tais como a *reprodução social,* anteriormente abordada por pensadores como Max Weber e Carl Marx e desenvolvendo outros como *habitus* e *violência simbólica.* Bordieu não aprofunda aspectos morais e transcendentais, porém centrando-se na análise sociológica, investiga e demonstra, por exemplo, o papel da televisão, das mídias e do jornalismo, como instrumentos de imposição dissimulada, por parte da classe econômica dominante, de uma cultura que envolve comportamentos, estilos de vida, visões de mundo e sistemas de valores, adequados a essa relação de dominação alienante. A essa cultura imposta, Bordieu dá o nome de *habitus*, e a forma pela qual a mesma é imposta, através da coação dissimulada, recebe o nome, bastante sugestivo, de *violência simbólica*.

Em seu livro *Sobre a televisão,* publicado em 1997, Bordieu alerta-nos, logo no prólogo, que a televisão coloca em perigo esferas da produção cultural, como arte, literatura, ciência, filosofia e, até mesmo, o direito, e apesar de ser o meio que mais poder tem de influenciar a sociedade e o indivíduo, existem nela mecanismos que exercem a *violência simbólica,* através da coação manifesta por imposições e regras, orientadas somente para o lucro imediato. Afirma que há a necessidade de desmascarar e desarticular "... ***os meca-***

nismos anônimos, invisíveis, por meio dos quais se exercem as censuras de todas as ordens, que fazem da televisão um formidável instrumento de conservação da ordem simbólica".

Por diversas vezes, nessa obra, o sociólogo procurou revelar como agem esses mecanismos ocultos, que tornam a mídia um instrumento a serviço dos poderosos, que na busca de audiência, utilizam-se de todos os recursos sensacionalistas, nos quais predominam a exposição de sexo, violência, crime e qualquer outro ingrediente que coopere nessa busca obsessiva. Decorre daí, que o que seriam simples meios de buscar e manter níveis de audiência, provocam efeitos colaterais nocivos ao indivíduo e à sociedade, posto que são alienantes e vazios de quaisquer conteúdos, que possam promover a evolução natural, a que o ser humano tem direito e aspira.

Toda essa conspiração ideológica induz o espírito humano à busca de um *padrão de sucesso*, que como todo padrão é definido e imposto externamente, sem considerar individualidades. O verdadeiro sucesso é subjetivo e, portanto, definido a partir de metas e critérios individuais e, se abrirmos mão dessa prerrogativa, estaremos nos entregando ao domínio de terceiros.

Resta-nos, em nome do nosso sagrado direito de evoluir espiritualmente e buscar a felicidade, espantar a *paralisia do espírito* e ficarmos atentos à perspicácia de tantos quantos quiserem apropriar-se da liberdade, que já nos pertence por direito. *Autoridades implícitas* usurpadoras e mídias manipuladoras agem à surdina, sorrateiramente, como ladrões, que contando com nossa displicência, buscam roubar-nos e, infelizmente, têm logrado êxitos significativos.

4

ROTAS DE FUGA

COMO JÁ VIMOS ANTERIORMENTE, o medo, incentivado por sua irmã, a preguiça, faz com que o indivíduo evite situações que lhe causariam dor, mal-estar ou riscos, levando o mesmo a buscar mecanismos de defesa ou 'rotas de fuga', que o mantenham longe dos confrontos e constatações de realidades supostamente dolorosas e certamente 'trabalhosas'. Para não termos de assumir que somos desonestos, achamos mais simples, e menos humilhante, para nosso amor-próprio nos escondermos atrás da falsa ideia de que subornar o guarda de trânsito é algo sem muita importância ou, na pior das hipóteses, uma 'esperteza', praticada por quase todo mundo e, portanto, aceitável. O mesmo indivíduo permanece na rota de fuga, quando critica o político corrupto, alegando, entretanto, que este transaciona com valores imensamente maiores do que a propina oferecida ao policial, que o político é muito bem remunerado e tem a obrigação de defender os interesses públicos com isenção, mascarando o fato de que o político, o policial e o próprio indivíduo em questão são todos igualmente desonestos e corruptos.

Desculpas esfarrapadas, porém, não isentam ninguém das consequências de um comportamento desonesto. Se as consequências legais e jurídicas podem ser aparentemente dribladas, por dependerem de expedientes humanos também sujeitos a falhas, a *lei de ação e reação,* descrita nas questões de 833 a 867 de *O Livro dos Espíritos,* por ser permanentemente vigente e inalterável atingirá, inexoravelmente, corruptos e corruptores.

Decorre daí, que *rotas de fuga* levam, invariavelmente, a uma situação de justiça universal, em que o indivíduo prestará contas a si próprio e ao Universo, dos prejuízos causados, ressarcindo-os até o *"último ceitil"* (Evangelho segundo Mateus 5, 25 e 26) para seu próprio benefício.

Essa prestação de contas é, em última instância, a constatação pessoal, íntima e extremamente dolorosa de que, ao fugir, o indivíduo deixou de cumprir etapas de sua evolução individual e, com isso, perdeu oportunidades valiosas, o que lhe custará esforços redobrados, para recuperar o tempo desperdiçado, enquanto encarnado. Constatará, ainda, que a fuga deixou prejuízos e sequelas também para terceiros, que igualmente fizeram mal uso de seu livre-arbítrio e só por isso sofreram as consequências, o que, entretanto, não isenta de responsabilidades, aquele que negligenciou covardemente os enfrentamentos necessários e intransferíveis da vida.

É interessante notarmos que, de acordo com os autores espirituais já citados:

> A fatalidade não existe senão pela escolha que fez o espírito, em se encarnando, de suportar tal e qual prova. Escolhendo, ele faz uma espécie de destino, que é a consequência mesma da posição em que se encontra. Falo das provas físicas, porque para o que é prova moral e tentações, o espírito, conservando seu livre-arbítrio sobre o bem e sobre o mal, é sempre senhor de ceder ou de resistir...
>
> ***O Livro dos Espíritos*, questão 851.**

Portanto, ao nos furtarmos de assumir e enfrentar com coragem e sinceridade interior os fatos e desafios que a vida nos apresenta, estamos fugindo não só de uma oportunidade de evolução pessoal, mas também do que muitas vezes, nós mesmos, enquanto espíritos, escolhemos como provas a serem vividas na crosta terrestre.

Por vezes, quando a alma começa a sentir o desânimo, já muito prolongado, e o vazio, decorrentes das dúvidas e inquietações que, por falta de enfrentamento, mal foram tratadas e muito menos resolvidas, concretiza-se a fuga ingênua, através de recursos químicos. Busca-se nas drogas, legais ou ilegais, o êxtase das fantasias voláteis, que se evaporam rapidamente, deixando na alma rastros de frustração profunda e no físico o desgaste e a enfermidade. Apesar de passageira, frustrante e desgastante, a fuga química, por causar alívio momentâneo, é buscada repetidamente, debilitando, de forma velada, a lucidez e, consequentemente, a capacidade de reação. É, por isso, que tende a perpetuar seus estragos, instalando o vício e, com frequência conhecida, a invalidez e o óbito.

Apesar de serem ciladas tenebrosas, as 'rotas de fuga' são muitas, e sua utilização tão frequente e banal, que se tornou invisível como tal, apresentando-se sempre disfarçada de normalidade e, até mesmo, de sabedoria.

Sigmund Freud, o famoso psiquiatra austríaco, criador da psicanálise, ao estudar e analisar a psique humana constatou que, para evitar a dor moral os indivíduos desenvolvem, a nível inconsciente, mecanismos que defendem a própria psique desses sofrimentos. Seria doloroso para a maioria de nós admitirmos que somos medrosos, desonestos ou preguiçosos. Entretanto, atos não assumidos de desonestidade, preguiça e medo podem ocorrer, e é daí que surgem esses mecanismos, aos quais Freud denominou *mecanismos de defesa do ego.*

Todos nós, aprendizes da vida, desenvolvemos, com maior ou menor frequência, mecanismos de defesa do ego, e a melhor maneira de compreendê-los é através de exemplos, alguns dos quais seguem abaixo:

Racionalização:

Ocorre quando o indivíduo desenvolve raciocínios lógicos e convincentes que, no entanto, são falsas justificativas que visam disfarçar intenções, atos ou características próprias de difícil aceitação. Exemplo: O aluno que foi reprovado por ter sido preguiçoso e não ter estudado, alega que a reprovação ocorreu porque "*as questões foram malformuladas*".

Negação:

Refere-se ao bloqueio de percepções do mundo externo, ou seja, o indivíduo nega, inconscientemente, a existência de realidades que seriam demasiadamente intoleráveis, por lhe causarem sofrimento. Exemplo: O cônjuge não consegue enxergar o fato de que está sendo traído, quando todos à sua volta já sabem e comentam.

Formação reativa:

É uma inversão, quase sempre inconsciente, de desejos ou sentimentos que causam vergonha e autorreprovação em quem os têm, levando o indivíduo a substituí-los por outros até mesmo opostos. Exemplo: Alguns pais, incapazes de admitir a existência de ressentimentos em relação aos filhos, desenvolvem uma suposta superproteção, voltada para seu bem-estar e educação, que na realidade objetiva puni-los de forma velada.

Projeção:

Ocorre quando o indivíduo atribui ao outro, ou a algo no mundo externo, características ou sentimentos que considera imorais, perversos ou simplesmente inaceitáveis, mas que na realidade estão manifestando-se no próprio indivíduo que busca, dessa forma, aliviar o desconforto humilhante dessa constatação. Exemplo: O indivíduo afirma que determinada pessoa lhe é, inexplicavelmente e gratuitamente hostil, quando na realidade é o próprio indivíduo que nutre essa hostilidade em relação àquela pessoa. É muito frequente também a generalização de características ou comportamentos que, veladamente, o indivíduo considera inaceitáveis em si próprio, afirmando, por exemplo, que *"hoje em dia ninguém é totalmente honesto"* ou que *"todos os maridos são infiéis"*.

Supressão:

Refere-se ao bloqueio *voluntário* da consciência, de sentimentos, experiências e inquietações que são desagradáveis ou incômodas ao indivíduo. Frequentemente, esse bloqueio realiza-se através de uma postergação que se perpetua. Exemplo: Scarlet O´Hara, personagem emblemática de clássico da literatura norte-americana dizia, "Não quero pensar nisso agora. Vou pensar nisso amanhã", sempre que evitava defrontar-se consigo mesma, postergando assim, decisões difíceis que a incomodavam.

Repressão:

A semelhança da supressão, é também um bloqueio de experiências e sentimentos desagradáveis, porém, neste caso, de forma *involuntária e inconsciente.* Exemplo: Vítimas de acidentes violentos, muitas vezes não se recordam de absolutamente nada a respeito do mesmo.

Os mecanismos de defesa do ego podem ocorrer de maneira simultânea ou articulada. A *projeção,* por exemplo, pode ocorrer após uma *negação,* quando o indivíduo atribui a terceiros atributos que nega também possuir, embora os possua. Exemplo: Afirmar que "Aquele sujeito me detesta gratuitamente", quando na verdade sou eu quem o detesta, sem motivos aparentes.

A grande importância de reconhecermos a existência dos mecanismos de defesa apontados por Freud decorre da necessidade de percebermos, de forma consciente, o papel nocivo que os mesmos podem desempenhar, quando se tornando aliados do medo e da preguiça, prestam-se a ocultar de nós mesmos tudo aquilo que nos aprisiona a uma vida acanhada e limitada aos anseios mesquinhos da matéria e dos prazeres vazios.

Existem muitos outros mecanismos de defesa, que não foram aqui relacionados, porém cabe-nos saber que olharmos para nosso interior e examinarmos nossos sentimentos e nossas atitudes, ajuda-nos sempre a desmascará-los, desarticulando seu poder nocivo.

Além dos *mecanismos de defesa do ego*, do *adesivismo* e da constituição de *autoridades implícitas*, existem inúmeros desvios decorrentes do medo, que sobrevivem graças à combinação engenhosa de diversas outras rotas de fuga, que se alimentam reciprocamente. Forma-se, assim, uma intrincada rede de ilusões e fraudes, que demandam coragem e trabalho diligente para serem debeladas. Teremos a seguir exemplos desses descaminhos frequentemente percorridos por quase todos nós, aprendizes da vida.

Existem medos, igualmente irracionais, que não são originários no inconsciente coletivo, mas sim na experiência individual. São medos aos quais os psicólogos denominam *fobias*.

O termo *fobia* origina-se do grego 'phobia' e significa medo intenso ou irracional, aversão, hostilidade. É considerado um dos distúrbios psíquicos mais frequentes e afeta dramaticamente a qualidade de vida de suas vítimas.

As fobias podem ter origem em experiências vivenciadas, em que o indivíduo foi exposto a situações de extremo perigo ou sofrimento, as quais se instalam na memória individual consciente e inconsciente de forma profunda, levando-o a reagir com verdadeiro pavor diante de qualquer circunstância que sinalize a repetição daquela situação. Alguém, por exemplo, que tenha passado por situações de sofrimento físico, com pânico e risco de morte, em decorrência de ter ficado soterrado por algum tempo em um compartimento com espaço reduzido, poderá apresentar sérias dificuldades de entrar num elevador, pois terá fobia por locais fechados e pouco espaçosos. Terá desenvolvido o que a psicologia denomina *claustrofobia* ou seja, medo da *clausura,* que significa recinto fechado.

Assim existe a *aerofobia,* medo exagerado de altura, a *acluofobia,* medo da escuridão, a *astrafobia,* medo de trovões ou relâmpagos, e incontáveis outras fobias, que podem ser desenvolvidas a partir de qualquer experiência de medo intenso, a que o indivíduo tenha sido exposto.

Todos nós, através de nossas sucessivas reencarnações, desenvolvemos fobias que, por sua vez, podem ter sobrevivido por várias reencarnações, com efeitos nocivos significativos.

Brian Weiss, destacado psiquiatra norte-americano, formado pela Universidade de Columbia e pela Escola de Medicina de Yale, a partir do que observou em diversos dos seus pacientes, constatou, dentro do melhor rigor científico, que os mesmos traziam e manifestavam, através de sintomas diversos, fobias originárias de existências passadas. Essa constatação do doutor Brian tem dupla importância: fornece provas científicas e irrefutáveis da reencarnação e da imortalidade da alma, assim como demonstra a herança de medos e fobias que, provenientes de outras encarnações, permanecem nos afligindo[2].

Tanto as fobias com origem na atual encarnação, quanto as fobias procedentes de encarnações passadas podem ser tratadas e extirpadas através de terapia adequada, que no segundo caso é a *terapia de vidas passadas,* assim denominada pelo próprio doutor Brian Weiss.

Referimo-nos, no início desta obra, ao medo como uma fraude, e esse caráter fraudulento procede, portanto, da total falsidade existente na origem desses medos, que como vimos, pode ser ilusório e nefasto. Mais adiante, trataremos da

---

2 *Muitas vidas, muitos mestres,* Weiss, Brian L., 1988 – Título do original norte-americano: *Many lives, many masters.*

eliminação do medo e a decorrente extinção dos seus malefícios.

Evidentemente existem medos que são racionais e, portanto, úteis. São uma defesa natural da qual a natureza nos provê, alertando-nos a respeito de ameaças reais de que devemos nos defender. O medo de estar num local muito alto, sem barreiras físicas ou apoios que nos deem um mínimo de segurança, desde que não exagerado, é um medo útil, pois nos previne contra uma queda que seria tão possível quanto fatal.

Entretanto, os medos, tanto os racionais como os irracionais, podem provocar uma reação instintiva e automática, ou seja, quando se manifestam, nem sempre estarão sujeitos ao crivo do raciocínio e da ponderação lógica, pois demandam ações imediatas, que objetivam safar-nos das ameaças, sejam elas reais ou supostas. Assim, podemos dizer que nossa reação ao medo tem 'vida própria' e por isso é algo que deve ser estudado, conhecido e controlado.

Em se tratando, por exemplo, de impulsos decorrentes do medo, existe um *inconsciente co-*

letivo biológico/genético que, uma vez identificada uma situação ameaçadora, deflagra uma reação fisiológica denominada pelos psicólogos de *reação de luta ou fuga*. Nessa reação, o organismo humano libera uma série de substâncias, principalmente adrenalina e cortisol, que preparam o corpo para atividades físicas intensas de lutar ou fugir da referida ameaça, o que seria de extrema utilidade num ambiente de ameaças físicas violentas e constantes.

Nesse estado, o coração acelera o ritmo preparando o indivíduo de forma imediata, para esse esforço físico intenso. Da mesma forma a respiração fica ofegante e o suor brota na superfície da pele, proporcionando um resfriamento relativo e conveniente do corpo. A circulação sanguínea intensifica-se nos músculos, objetivando dar-lhes mais força e retira-se do sistema digestivo, que nesse momento torna-se inútil. Os globos oculares injetados aumentam o campo visual periférico e as pupilas dilatadas aumentam a percepção visual na penumbra. Corpo e mente ficam enfim voltados, inteira e exclusivamente, para garantir a integridade física e a sobrevivência do indivíduo, através da luta e/ou fuga.

Uma das características fisiológicas da *reação de luta ou fuga* é que, pela sua própria natureza, uma vez instalada, compromete a capacidade de reflexão e raciocínio do indivíduo, podendo induzi-lo a uma intensificação e prolongamento da referida reação, pela simples incapacidade de avaliar e medir a força e até mesmo a existência real da ameaça, que pode ter cessado ou nem mesmo ter existido, de fato. Pode ter sido, e muitas vezes é, uma ameaça imaginária, ilusória ou superestimada.

Apesar de ser útil dentro de determinadas situações específicas de ameaças físicas reais, a *reação de fuga ou luta*, por ser em si mesma desprovida de discernimento, não é capaz de distinguir essas ameaças de quaisquer outras, sejam de caráter moral, afetivo, ou fruto de uma imaginação exacerbada.

Dessa forma, na vida cotidiana atual, milhares de situações e fatos, a princípio simples e corriqueiros, deflagram de maneira prejudicial essa complexa reação, que surge a partir de medos infundados e imaginários. O próprio gatilho que deflagra a reação faz parte dessa 'estrutura' primitiva, tornando possível o surgimento da mesma numa frequência insuportável, que levará o indivíduo a perturbações cumulativas e crônicas, com reflexos sérios na própria saúde física e mental.

5

SOFISMAS PESSOAIS

AO ADOTARMOS PARA NOSSA vida pessoal e coletiva determinados conceitos e definições acerca de comportamentos e atitudes de caráter moral/ético, frequentemente estaremos, consciente ou inconscientemente, criando *rotas de fuga* ou *sofismas,* que tentam disfarçar nossas mazelas, as quais, uma vez descobertas, muito nos humilhariam.

Pode parecer estranho ou pouco provável que meras definições linguísticas possam servir de disfarces morais, porém, é o que ocorre com frequência e com aparente eficácia. Exatamente por serem sofismas, muitas afirmações e definições funcionam relativamente bem como anteparo pérfido às verdades indesejáveis. Sendo o sofisma, por definição, um falso argumento, aparentemente verdadeiro e lógico, tem a função de induzir, de forma quase imperceptível, a conclusões ilógicas e, portanto, fraudulentas.

Quando, por exemplo, um indivíduo afirma que a 'função sexual faz parte da natureza humana, *e em decorrência disso pode e deve ser exercida sem nenhuma culpa ou restrição, pois sendo a natureza uma manifestação da criação divina, não precisa jamais ser reprimida*', o mesmo está enunciando um sofisma. Por trás da aparente lógica, existe uma omissão grave, que destrói essa suposta lógica, ou seja, faz parte também da natureza humana, a razão, a solidariedade, a afetividade e valores superiores, que necessariamente permeiam e norteiam a função sexual humana e desprezá-los é sempre uma atitude nefasta, porquanto causa dores e pesares. Assim, a função sexual, deve sim, para a felicidade do próprio indivíduo, ser tratada com critérios racionais, que contemplem a natureza humana em sua total amplitude, podendo, dessa forma, expressar-se de maneira igualmente ampla e livre.

Entretanto, por ser um sofisma, a afirmação acima, serve de falso suporte 'lógico' ao comportamento de muitos indivíduos que, supostamente, *'cultivam respeito e devoção ao que Deus nos agraciou através da própria natureza humana'*.

Vale a pena irmos mais a fundo no exame específico desse sofisma, pois o mesmo tem contribuído de forma significativa para a construção de dramas sem fim na história humana.

Sobre o papel da função sexual no ser humano, o espírito André Luiz, no livro *Evolução em dois mundos*, psicografado por Chico Xavier, nos diz que:

A energia natural do sexo, inerente à própria vida em si, gera cargas magnéticas em todos os seres, pela função criadora de que se reveste, cargas que se caracterizam com potenciais nítidos de atração no sistema psíquico de cada um e que, em se acumulando, invadem todos os campos sensíveis da alma, como que a lhe obliterar os mecanismos outros de ação, qual se estivéssemos diante de usinas reclamando controle adequado.

Ao nível dos brutos, ou daqueles que lhes renteiam a condição, a descarga de semelhante energia se efetua, indiscriminadamente, através de contatos, quase sempre desregrados e infelizes, que lhes carreiam, em consequência, a exaustão e o sofrimento como processos educativos...

O instinto sexual nessa fase da evolução não encontra alegria completa senão em contacto com a liberação da energia, que lhe é peculiar, do ponto de vista do governo emotivo, solicita compensação de força igual, na escala das vibrações magnéticas.

Perceber, portanto, que estamos tratando de um sofisma perigosíssimo seria possível se não tivéssemos medo de aventurarmo-nos em nosso interior e verificarmos, com coragem, a origem de muitas das nossas dores, ou, melhor ainda, se antes de experimentarmos tais sofrimentos, fizéssemos o pequeno esforço de escutarmos, com responsabilidade, o apelo dos valores superiores da afetividade e da solidariedade fraterna, sem falar de aspectos morais e espirituais mais abrangentes, antes de nos entregarmos precipitada e irrefletidamente a aventuras sensuais atabalhoadas que, longe de serem próprias da natureza humana, são próprias da natureza bruta dos animais, ainda muito distantes da elevação espiritual humana.

Da mesma maneira, sofismas são frequentemente elaborados e assimilados, reforçando muitas outras fraudes que avassalam individual e coletivamente a alma humana.

6

IGNORÂNCIA CONSENTIDA

O MEDO TEM COMO uma de suas manifestações mais comuns, a fuga ao enfrentamento, e uma das formas mais usuais de se furtar ao enfrentamento é ignorar propositalmente a existência potencial de uma ameaça. Portanto, a investigação de aspectos existenciais, que por vezes se insinuam no cotidiano, e a busca do autoconhecimento, através da observação do que ocorre num nível mais profundo do nosso ser, são atividades que frequentemente passam a ser evitadas, com o concurso franco de sofismas e adiamentos convenientes e consentidos.

Temem-se os enfrentamentos internos, porque resultam, invariavelmente, na constatação de que mudanças de postura perante a vida e decisões difíceis são necessárias. Se considerarmos, ainda, que qualquer estudo consistente ou reflexão séria demanda um mínimo de esforço e trabalho, teremos condições mais do que favoráveis para a elaboração de desculpas e pretextos, para omissões preguiçosas. A principal causa dessas omissões, entretanto, é o medo e a consequente falta de determinação.

Muitas vezes questões existenciais nos inquietam com frequência muito maior do que somos capazes de admitir. Isso ocorre, mais uma vez, porque preferimos uma ignorância voluntária a um esforço mínimo, que pode redundar em confrontos íntimos desconfortáveis, humilhantes e comprometedores. Entretanto, as inquietações ocorrem sutilmente, cotidianamente, insistentes e intermitentes como grilos numa floresta, e sorrateiras surgem de forma incisiva, até mesmo quando estamos num momento de maior euforia, ou de celebração.

São aqueles momentos em que percebemos que estamos possuídos por uma sensação prazerosa ou, até mesmo, exultante, porém, intuímos e pressentimos que a mesma não nos satisfaz plenamente, que não é estável e firme como a rocha, deixando algo como que incompleto. Sabemos de uma maneira semioculta, num segundo plano de percepção, que nossa alma anseia por algo mais sólido, mais pleno e estável; porém admitir e refletir sobre tal anseio é risco de desconforto, trabalho intelectual e fadiga; é terreno incerto e pouco conhecido, que causa medo e vertigem.

Se nos falta coragem para vencer o medo e disposição para o esforço de investigar nossos anseios e inquietações mais profundas, sobram-nos desculpas e motivos fúteis para postergar esforços e ignorar inquietações, que falsamente classificamos de 'pouca urgência'.

O espírito Joanna de Ângelis incita-nos a essa investigação interna:

> O ser humano necessita de silêncio mental, de espaço físico para a autoidentificação, para o autodescobrimento.
>
> O silêncio íntimo, que permite ouvir-se a voz da consciência, é de alta relevância para uma existência feliz, porque permite saber-se o que realmente deseja produzir e como fazê-lo de maneira excelente.[3]

Perguntarmo-nos, por exemplo, de forma individual, *se somos plenamente felizes e por que*, é um questionamento que, por sua própria essência, seria frequente em todos os espíritos humanos, não fosse o medo do autoenfrentamento

---

3 *Liberta-te do mal* - Divaldo Franco, por Joanna de Ângelis - EBM Editora - 2011.

franco. Para que, afinal, toda a lida humana, tantos esforços empreendidos e tantos sonhos acalentados, se tudo não convergir para a felicidade, ao menos tentativamente? Não é, entretanto, o que ocorre. Raramente, esse questionamento é feito, no recôndito da intimidade individual, de forma franca e direta. Todas as preocupações, ocupações e atenções do cotidiano, estejamos a sós ou não, giram 'no entorno' dessa questão, porém sem um enfrentamento direto e objetivo. O enfrentamento, quando há de fato, é sempre seguido de reflexões e dúvidas que, sem uma postura plenamente madura e humilde, e sem a disposição de trabalhá-las com afinco, trazem angústias e desânimos, e por isso é frequentemente postergado.

Em uma de suas parábolas (Mateus, 7:24-27, e semelhante em Lucas, 6:46-49) Jesus nos diz:

> Todo aquele, pois, que ouve as minhas palavras, e as observa, será comparado ao homem sábio, que edificou a sua casa sobre a rocha. E veio a chuva, e transbordaram os

> rios, e assopraram os ventos, e combateram aquela casa, e ela não caiu, porque estava fundada sobre a rocha. E todo o que ouve estas minhas palavras, e não as observa, será comparado ao homem insensato, que edificou sua casa sobre a areia. E veio a chuva, e transbordaram os rios, e assopraram os ventos, e combateram aquela casa, e ela caiu, e foi grande a sua ruína.

Em sua sabedoria, o mestre nazareno alertou-nos para o perigo da falta de disposição e coragem para os enfrentamentos, que nossas inquietações nos insinuam tão insistentemente. Toda e qualquer alegria será fugaz, quando não estiver embasada em um esforço sincero e franco e no aprofundamento constante das questões que espontaneamente e naturalmente a vida nos traz. Sem defrontá-las, estaremos construindo sobre o incerto e o instável; sobre o que, já de antemão, sabemos não ter consistência e, exatamente por isso, nos inquieta. Com que poder destrutivo, ventos e chuvas atingirão estados d'alma sustentados por medos não enfrentados e por dúvidas nem ao menos formuladas? Quão vulnerável seria a felicidade de quem teme questionamentos mais profundos?

As palavras pronunciadas por Jesus referem-se, sempre e expressamente, às mesmas questões que misteriosamente nos inquietam de forma tão sutil e ao mesmo tempo tão incisiva, embora não as enfrentemos. São palavras que se referem a realidades eternas e infinitas, e a um reino que *está dentro de nós*, conforme declarou o próprio Cristo:

> Sendo Jesus interrogado pelos fariseus sobre quando viria o reino de Deus, respondeu-lhes: O reino de Deus não vem com aparência exterior; nem dirão: Ei-lo aqui! Ou: Ei-lo ali! Pois o reino de Deus está dentro de vós.
>
> (Lucas, 17:20, 21)

Assim, quem ouve as palavras de Jesus, ouve também a si próprio, à sua consciência, e estará dando largas ao fantástico poder de questionamento e aprendizado, que recebeu do Pai Criador. Estará construindo, tijolo a tijolo, sobre a rocha e, consequentemente, na firmeza e consistência imperecíveis, tão ansiadas por sua alma igualmente eterna.

A evolução do ser humano, no seu sentido maior, acontece, necessariamente, através do exame interior, ou seja, todo o aprendizado referente às questões mais significativas e transcendentais, que afetam o ser humano e sua relação com o universo no qual está imerso, passa pelas experiências pessoais vividas ao longo das encarnações. Entendamos aqui, por experiências pessoais, não somente os fatos externos testemunhados, mas também e, principalmente, a interação do indivíduo com os mesmos. É a reação e a postura adotadas diante dos acontecimentos e a reflexão consciente sobre as mesmas, a causa primeira da evolução. Os fatos externos são a matéria-prima que o espírito utiliza para construir o entendimento do Universo e de si próprio, o que, no entanto, como já vimos, demanda esforço, trabalho e alguma coragem, uma vez que a constatação sincera de erros infames, a serem evitados, e fraquezas humilhantes, a serem extintas, fazem parte do processo evolutivo.

Assim sendo, ignorar de forma consciente os apelos e as inquietações, que brotam incessantemente do nosso interior, equivale a optar por um estado de estagnação evolutiva. Sabemos, entretanto, que qualquer estagnação do espírito é temporária, pois os transtornos por ela causados provocam um aumento proporcional dos apelos para uma reflexão interna, para um voltar-se para dentro de si, o que cedo ou tarde resultará numa tensão insuportável e na consequente e benigna rendição do indivíduo. É assim que a Lei Natural impulsiona o espírito humano, inexoravelmente, para o encontro da verdadeira felicidade. A nossa evolução como indivíduos reclama, portanto, não fugirmos aos enfrentamentos a que naturalmente somos compelidos.

Paulo Apóstolo escreve em sua carta aos Coríntios: *Tudo é permitido, mas nem tudo convém; tudo é permitido, mas nem tudo edifica."* (Primeira Epístola aos Coríntios, 10,23).

E a questão 614 de *O Livro dos Espíritos* também é esclarecedora:

> Que se deve entender por lei natural?
>
> A lei natural é a lei de Deus e a única verdadeira para a felicidade do homem. Ela lhe indica o que deve fazer e o que não deve fazer, e ele não é infeliz senão quando se afasta dela.

É essa lei divina, que por ser natural, manifesta-se frequentemente e espontaneamente na alma humana, convidando-nos ao trabalho de reflexão e investigação, não só a partir do exame de nossas angústias e aspirações internas, mas também, e necessariamente, a partir do estudo das informações e conhecimentos, que estão ao nosso alcance de diversas formas.

A questão 619 de *O Livro dos Espíritos* está assim formulada:

> Deus deu a todos os homens os meios de conhecer Sua lei?

> Todos podem conhecê-la, mas nem todos a compreendem. Os que a compreendem melhor são os homens de bem e aqueles que querem procurá-la. Entretanto, todos a compreenderão um dia, porque é preciso que o progresso se cumpra.

Assim temos dois caminhos a seguir: Conviver com chamamentos internos não atendidos e desprezados, ou erguer as mangas dando aos mesmos ouvidos atentos, com o respectivo suporte da investigação e do estudo. No primeiro caminho acompanhar-nos-ão a *paralisia do espírito,* a angústia e a frustração, e no segundo, o trabalho e a alegria de sentirmo-nos capazes de superar nossas tristezas e mazelas, através da reflexão, do autoconhecimento e do estudo, pois, como pudemos ver, é próprio da natureza humana empreender esforços para evoluir, e a mera constatação de que isso está se cumprindo em nossa vida cotidiana nos traz sentimentos de paz e plenitude.

É, portanto, no esforço do autoconhecimento e no aprendizado que se encontra a felicidade. Mahatma Gandhi afirmou que: ***"Não existe um caminho para a felicidade. A felicidade é o caminho"***.

Os chamados originários da nossa natureza divina nem sempre se manifestam através dessas inquietações. Muitas vezes somos acordados do nosso torpor preguiçoso por lampejos e estímulos sutis que, vindos de fora, tocam nossa alma de forma delicada, porém, bastante profunda, caso não lhes coloquemos obstáculos por medo ou comodismo.

Jesus referiu-se a esses toques sutis no Sermão da Montanha:

> Por isso vos digo: Não andeis cuidadosos quanto à vossa vida, pelo que haveis de comer ou pelo que haveis de beber; nem quanto ao vosso corpo, pelo que haveis de vestir. Não é a vida mais do que o mantimento, e o corpo mais do que o vestuário?
>
> Olhai para as aves do céu, que nem semeiam, nem segam, nem ajuntam em celei-

> ros; e vosso Pai celestial as alimenta. Não tendes vós muito mais valor do que elas?
>
> E qual de vós poderá, com todos os seus cuidados, acrescentar um côvado à sua estatura?
>
> E, quanto ao vestuário, por que andais solícitos? Olhai para os lírios do campo, como eles crescem; não trabalham nem fiam; e eu vos digo que nem mesmo Salomão, em toda a sua glória, se vestiu como qualquer deles.
>
> Pois, se Deus assim veste a erva do campo, que hoje existe, e amanhã é lançada no forno, não vos vestirá muito mais a vós, homens de pouca fé?
>
> **(Mateus 6:25-30).**

Apesar de os lírios do campo e os pássaros do céu serem paisagens externas, é a leitura que fazemos das mesmas, através do nosso coração humano e da nossa capacidade de reflexão, o que nos alerta para realidades transcendentais e permanentes. É através dessa observação divinizada, que estaremos iniciando uma obra sobre a rocha.

Jesus mostra-nos que os lírios do campo e as aves do céu podem desvendar a uma alma atenta, dimensões que transcendem infinitamente o globo em que vivemos, assim como as decorrentes preocupações práticas acerca da nossa breve estadia no mesmo. Ao observarmos uma flor, um pássaro, um cristal, ou o movimento sincronizado de astros e galáxias, constatamos, através da lógica mais elementar, que um *Princípio Inteligente* permeia todo o Universo. Há, enfim, uma harmonia e uma beleza perceptíveis e flagrantes em toda a criação, as quais açambarcam inclusive nossa própria capacidade de constatá-las.

O medo do futuro, entretanto, considerando-se somente os possíveis percalços enquanto encarnados na crosta terrestre, nos põe cegos a essa percepção sugerida por Jesus, e ele próprio nos alerta sobre esse perigo, quando nos descreve a seguinte parábola:

> O campo de um homem rico tinha dado

> abundantes frutos, e ele revolvia dentro de si estes pensamentos dizendo: Que farei, que não tenho onde guardar meus frutos? E disse, farei isto: derrubarei os meus celeiros e os farei maiores; e neles recolherei todas as minhas colheitas e os meus bens. E direi a minha alma: Minha alma, tu tens muitos bens em depósito para largos anos; descansa, come, bebe, regala-te. Mas Deus disse a este homem: néscio, esta noite te virão demandar tua alma, e as coisas que tu ajuntaste, para quem serão? Assim é o que entesoura para si, e não é rico para Deus.
>
> **(Lucas, 12:13-21)**

Há neste homem néscio um único e exclusivo foco, uma única preocupação, limitada no espaço e no tempo, a sua sobrevivência física na fartura, nos prazeres e no conforto. Não há a mínima cogitação sobre qualquer possível realidade que ultrapasse a morte física; nem ao menos sobre a brevidade da mesma. Qualquer esforço investigativo sobre realidades que transcendam a nossa permanência efêmera sobre a Terra, levariam este homem a atitudes completamente diversas das tomadas.

Se admitirmos que temos uma alma que guarda a nossa essência, a nossa história e a nossa intocável individualidade, e que a mesma sobrevive à morte do corpo físico, todas as nossas atitudes e todas as nossas perspectivas ficam afetadas e condicionadas por essa constatação. O comer, o beber, o descansar, o usufruir de prazeres, passam a ter um valor real, mas relativo. Há uma relatividade absoluta quando existem parâmetros com dimensões infinitas e permanência eterna.

Allan Kardec discorre, com amplitude, as consequências dessa relatividade:

> ...Pela simples dúvida sobre a vida futura, o homem concentra todos os seus pensamentos na vida terrena. Incerto do porvir dedica-se inteiramente ao presente. Não entrevendo bens mais preciosos que os da Terra, ele se porta como criança que nada vê além dos seus brinquedos e tudo

faz para os obter. A perda do menor dos seus bens causa-lhe pungente mágoa. Um desengano, uma esperança perdida, uma ambição insatisfeita, uma injustiça de que for vítima, o orgulho ou a vaidade feridos, são tantos outros tormentos, que fazem da sua vida uma angústia perpétua, pois que se entrega voluntariamente a uma verdadeira tortura de todos os instantes.

(*O Evangelho segundo o Espiritismo*,
capítulo II, item 5).

Nossa cegueira diante dos lírios do campo e das aves do céu, diante do convite ao eterno que eles nos fazem, é totalmente voluntária, pois é uma opção, uma escolha e, como qualquer escolha, exige alguma renúncia que, nesse caso, compreende fechar os olhos e ouvidos ao apelo sedutor de mergulhar em mistérios e maravilhas que se insinuam diante de nós, de maneira tão palpável e real. A opção pela cegueira voluntária dá-se por ser a menos trabalhosa e, portanto, a mais preguiçosa.

A opção pela reflexão investigativa implica em renúncia ao comodismo e à postergação, mas por outro lado nos premia com a aventura mais fantástica jamais imaginada por quem nunca a experimentou. A mudança de foco e de perspectiva, nesse caso, inclui a alegria de viver e a consciência de se estar em contato pleno com o *Princípio Inteligente*, ou se preferirmos, com Deus.

Mais uma vez Allan Kardec comenta, com base no Evangelho, as consequências dessa mudança de foco.

> A ideia clara e precisa que se faz da vida futura dá uma fé inabalável no porvir, e essa fé tem consequências enormes sobre a moralização dos homens, porque muda completamente o ponto de vista pelo qual eles encaram a vida terrena. Para aquele que se coloca, pelo pensamento, na vida espiritual que é infinita, a vida corporal não é mais que rápida passagem, uma breve permanência num país ingrato. As

> vicissitudes, as tribulações da vida são apenas incidentes que ele enfrenta com paciência, porque sabe que são de curta duração e devem ser seguidos de uma situação mais feliz...
>
> **(*O Evangelho segundo o Espiritismo*, capítulo II, item 5)**

Há um ditado popular que diz: *"O pior cego é aquele que não quer ver"*, o que significa que não basta olharmos para os lírios do campo e ouvirmos o canto dos pássaros; não basta sentirmos a brisa, o calor do sol e aspirarmos o perfume suave no ar. Temos que 'querer ver' o que há de essência nisso tudo; o que está por trás das meras percepções dos sentidos. Há uma sensação, que secunda a percepção dos sentidos, à qual devemos dedicar toda a atenção, pois ela é o desdobramento e o desenvolvimento de nossa natural capacidade de perscrutar o Universo em toda sua infinitude. Há nisso, sim, um desenvolvimento, um apuramento, visto que devemos 'aprender', através da prática, a perscrutar uma realidade que, embora envolva intimamente e mantenha toda a realidade material que nos rodeia, a esta transcende e causa. É uma realidade não material que cria e harmoniza o mundo material, onde estamos imersos e à qual, se quisermos, com o uso da vontade, teremos acesso consciente.

Sobre essa percepção defeituosa, Jesus asseverou:

> ... Ouvireis com os ouvidos, e não entendereis; e vendo, vereis, mas não percebereis. Porque o coração deste povo tornou-se insensível, e os seus ouvidos tornaram-se duros, e fecharam os olhos para não suceder que vejam com os olhos, e ouçam com os ouvidos, e entendam com o coração, e se convertam, e eu os sare.
>
> **(Mateus 13:14, 15)**

Temos medo de ver e ouvir com profundidade, com o coração, e ficamos insensíveis, pois, se víssemos e ouvíssemos o que nos diz o coração, teríamos, por consequência inevitável, que nos *converter*, o que significa romper com todos os pressupostos falsos, que até então dirigiam nossa vida.

A busca dessa percepção ampliada, entretanto, transcende, mas não nos afasta da nossa natureza material/animal. Os gozos terrenos, pelo contrário, intensificam-se por serem percebidos e sentidos em toda sua extensão e profundidade e não somente ao nível do animal bruto. Claro está também, que os mesmos, estão afetos ou subordinados a valores mais elevados do que o gozo imediato, sem foco no eterno.

Paulo, apóstolo, em sua carta aos cristãos da Igreja nascente de Roma, declara que: "... o reino de Deus não é comida nem bebida, mas justiça, e paz, e alegria no Espírito Santo". (Romanos 14:17)

Libertarmo-nos do medo significa, portanto, alcançarmos não só uma percepção ampliada de nós mesmos e do Universo em que estamos imersos, mas também desfrutar de uma vida de paz e alegria verdadeiras.

7

MONSTROS DE PAPELÃO

ESTÃO MUITO ARRAIGADOS NA nossa psique comportamentos condicionados que, à semelhança dos *mecanismos de defesa do ego* e das *fobias*, nos levam a reações e estados emocionais igualmente condicionados. Esses comportamentos têm origem em existências passadas, no inconsciente coletivo e individual e na própria existência atual, fazendo assim com que cada indivíduo possua inúmeros condicionamentos, que se manifestam incessantemente e simultaneamente, numa tormenta de emoções, sentimentos e atitudes, que interagem dentro do próprio indivíduo e entre os indivíduos do mesmo grupo social, gerando interferências e conflitos.

A maior parte dos problemas humanos que geram conflitos e sofrimentos, individual e coletivamente, provém desses condicionamentos, que por sua própria natureza surgem de forma inconsciente, muito embora possam ser identificados e domados, e nisso consiste o desafio que pode nos livrar do jugo escravizante do medo.

O amálgama formado pela somatória dos condicionamentos é sempre confuso e desprovido de discernimento, pondo-nos à mercê de sofrimentos absurdos e sem sentido. Devemos, portanto, aprender a situar nosso viver acima dos condicionamentos e fora do seu alcance, embora possamos até percebê-los. Conseguindo esse domínio de nós mesmos, estaremos a um passo da felicidade estável.

Os efeitos práticos dos nossos condicionamentos se confundem com os efeitos dos nossos *instintos* que, embora não sejam a mesma coisa, também nos levam a reações automáticas e inconscientes. Esses instintos fazem parte da nossa psique e vem nos servindo de ferramenta de sobrevivência e preservação da espécie, desde nossa infância evolutiva, quando estávamos ainda próximos da natureza primária dos animais. São esses instintos que, tendo o ego como o aliado, nos levam à busca da sobrevivência física, do prazer e de todas as ações externas decorrentes disso.

A presença do inconsciente no nosso cotidiano é tão frequente e marcante, que mereceu do nobre espírito Joanna de Ângelis o seguinte alerta: "A grande maioria dos atos e comportamentos humanos, na sua expressão mais volumosa, procede do inconsciente, sem a interferência da consciência lúcida."[4]

Um dos traços mais significativos da evolu-

---

4 Franco, Divaldo Pereira por Joanna de Ângelis, *Em busca da verdade* – Livraria Espírita Alvorada Editora.

ção para a qual estamos predestinados refere-se à capacidade crescente de identificar a influência, que os nossos instintos primários e condicionamentos exercem sobre nossas atitudes e sentimentos, dominando-os e harmonizando-os com nossos interesses mais elevados.

Junto com esses instintos primários manifestam-se, no ser humano, os lampejos de anseios mais elevados que caracterizam o início de seu distanciamento evolutivo dos animais brutos, possuidores somente desses instintos. Esses anseios compreendem os valores ético-morais e sentimentos de solidariedade, que começam a ser construídos em decorrência da necessidade de um convívio grupal harmonioso; a compreensão de ligações afetivas que superam o mero laço consanguíneo e a mera atração sexual; o sentimento de solidariedade que supera a mera aproximação decorrente da necessária divisão de tarefas do clã primitivo de sobrevivência e, principalmente, a percepção ainda sutil de uma realidade espiritual manifesta nas forças da natureza.

Sobre isso, o espírito Lázaro em *O Evangelho segundo o Espiritismo*, Cap. XI, Item 8, nos diz:

> No seu ponto de partida, o homem só tem instintos; mais avançado e corrompido, só tem sensações; mais instruído e purificado, tem sentimentos; e o amor é o requinte do sentimento.

E prossegue mais adiante, no mesmo item:

> Diz-se que o homem, no seu início, tem apenas instintos. Aquele, pois, que os instintos dominam, está mais próximo do ponto de partida que do alvo. Para avançar em direção ao alvo, é necessário vencer ele os instintos a favor dos sentimentos, ou seja, aperfeiçoar estes, sufocando os germes latentes da matéria. Os instintos são a germinação e os embriões dos sentimentos. Trazem consigo o progresso, como a bolota oculta o carvalho. Os seres humanos menos adiantados são os que,

libertando-se lentamente de sua crisálida, permanecem subjugados pelos instintos.

Há, portanto, na alma humana, algo de embrionário, que aos poucos vai se manifestando e pondo em cheque suas características comportamentais primitivas. A libertação do jugo dos instintos e condicionamentos, entretanto, dá-se de forma gradual e, enquanto não estiver concluída, o indivíduo convive aflitivamente com os efeitos dos mesmos.

Por sua origem inconsciente, e por agirem de forma instantânea, sem o crivo da reflexão prévia, os instintos e condicionamentos, quando ainda dominantes, mantêm na psique humana medos, apreensões e angústias irracionais, posto que se referem a cuidados e atitudes desnecessárias ou incabíveis. O medo inconsciente da rejeição, já abordado anteriormente, exemplifica bem os efeitos condicionados, que podem levar o indivíduo a um estado constante de angústia. Por temer a rejeição, o que em si já é aflitivo, o indivíduo busca, contínua e repetidamente, expedientes para evitá-la, levando-o a condicionamentos estruturais torturantes, ou seja, diante da menor perspectiva ou remota possibilidade de rejeição o mesmo aplica-se, aflitivamente, em evitá-la através de concessões e agrados desnecessários ao outro ou ao grupo com o qual se relaciona afetivamente, socialmente ou profissionalmente. A incapacidade de dizer 'não' e de furtar-se ao atendimento de qualquer solicitação, com a quase total supressão dos seus próprios anseios e prioridades, é característica desse comportamento condicionado.

Por possuírem vida própria, os medos têm capacidade imaginativa e até mesmo certa coerência ou 'lógica interna', muito embora baseadas em pressupostos falsos. Decorre disso, que os mesmos se desdobram e se reproduzem com enorme facilidade e frequência, criando medos 'secundários' ou derivados dos primeiros. O medo de engordar ou o medo de ser feio, por exemplo, podem decorrer do medo irracional da rejeição, seja ela afetiva ou social, e traz consigo todas as angústias, lutas e sofrimentos, que deverão ser somadas ao 'medo mãe' da rejeição em si.

Constroem-se assim *monstros de papelão,* contra os quais o indivíduo luta e debate-se numa batalha *quixotesca* sem fim, num desperdício de tempo e energia que logra inviabilizar qualquer possibilidade de uma vida serena e feliz.

O processamento da realidade, portanto, nem sempre é feito de forma objetiva pelos indivíduos, os quais atribuem a eventos, situações e comportamento dos outros, um significado muito próprio, o que explica porque diferentes pessoas interpretam um mesmo evento de diferentes formas. É como se cada indivíduo possuísse um *software* mental próprio para processar a realidade externa; *softwares* diferentes geram resultados diferentes. O problema é que a maioria desses *softwares,* construídos a partir de experiências registradas no inconsciente ou no consciente, distorce a realidade, atribuindo à mesma, características e valores negativos.

Aaron Beck, psiquiatra norte-americano e professor emérito do departamento de psiquiatria na Universidade da Pensilvânia, pesquisando os sofrimentos da alma humana e percebendo a incidência frequente e grave dessas distorções, apresentou em 1989, em conjunto com seu ex-aluno David Burns, a *Teoria das distorções cognitivas,* a qual deu origem à *Terapia cognitiva,* ambas amplamente difundidas e utilizadas na psicologia e psiquiatria moderna.

A *cognição,* do latim: *cognitione,* que significa a ação de absorver conhecimentos, refere-se à nossa capacidade de conhecer a realidade e, portanto, de relacionarmo-nos com o mundo que nos cerca. Assim, *distorções cognitivas* **são pensamentos distorcidos,** exagerados e irracionais, em relação à realidade objetiva e podem desencadear distúrbios psicológicos significativos, como depressão e ansiedade crônica. É para fazer frente a esses distúrbios que Beck desenvolveu a terapia cognitiva, capaz de eliminar as distorções cognitivas, devolvendo ao indivíduo o equilíbrio e o bem-estar. Fobias e condicionamentos debilitantes, por exemplo, são distúrbios tratáveis com eficácia pela terapia cognitiva.

Por serem irracionais, as distorções cognitivas fazem parte dos monstros de papelão que, em maior ou menor grau, assombram a todos nós. Por isso, vale a pena conhecermos um pouco mais sobre o assunto, conscientizando-nos das maneiras pelas quais estamos sendo afetados e refletindo sobre as possíveis providências e posturas cabíveis.

A lista das distorções cognitivas possíveis seria praticamente interminável, visto que as mesmas nos atingem de maneira individual tanto na qualidade como na intensidade do desajuste. Entretanto para facilitar nossa compreensão e nosso autoexame, seguem alguns exemplos de distorções bastante frequentes e comuns:

Argumentação irracional

Pensar e acreditar que algo deva ser verdade, com base em sentimentos e sensações desprovidas de embasamento lógico e real, desconsiderando evidências em contrário. Exemplo: "Embora eu saiba que tenho desenvolvido um trabalho útil e competente, sinto que sou rejeitado pela equipe de trabalho".

Catastrofização

Prever o futuro de forma negativa ou catastrófica, sem considerar outras possibilidades, melhores e até mesmo mais prováveis. Exemplo: "A reunião que meu chefe agendou é com certeza para reprovar e criticar meu trabalho".

Minimização do positivo

Considerar que os próprios atos, ocorrências ou qualidades positivas são totalmente insignificantes. Exemplo: "Consegui aquele emprego não pela minha competência, mas sim porque o entrevistador não foi exigente e a empresa tinha pressa em contratar novos funcionários".

Leitura mental

Achar que sabe o que os outros estão pensando, sem considerar outras possibilidades que podem ser até mais prováveis. Exemplo: "Eles estão pensando que estou despreparada (o) para este trabalho".

Pensamento dicotômico

Ver uma situação de forma polarizada (preto e branco) sem avaliações intermediárias ou graduais. Exemplos: "Nosso relacionamento não é totalmente e plenamente harmonioso, portanto é um fracasso" ou "Não alcançamos 100% da meta, portanto fracassamos".

Rotulação

Colocar um rótulo sobre si mesmo ou sobre os outros que defina, de forma depreciativa, o indivíduo como um todo, sem considerar evidências em contrário. Exemplos: "Eu sou um perdedor" ou "Aquele indivíduo não presta".

Supergeneralização

Tirar uma conclusão negativa radical que

vai muito além das evidências atuais. Exemplo: "Não concordei com ele naquela questão, portanto nosso relacionamento não é harmonioso e não nos daremos bem".

Como podemos observar nesses exemplos, as distorções cognitivas são pensamentos, aparentemente racionais e lógicos, criados pela nossa mente, que através de um *diálogo interno* reforçam emoções ou sensações negativas que só servem para fazer-nos sentir mal acerca de nós mesmos ou das circunstâncias, e é certo que cada um de nós se identifica totalmente ou parcialmente com um ou vários deles.

A conclusão imediata dessa constatação é a de que, de fato, como nos alertou Joanna de Ângelis em citação anterior, grande parte dos nossos comportamentos acontecem "sem a interferência da nossa consciência lúcida". Mais uma vez, nos é revelado, que não seremos senhores absolutos dos nossos passos, enquanto não nos questionarmos e nos enfrentarmos sem medo ou sem preguiça.

É inquestionável, que quando caminhamos por muito tempo nesse emaranhado de ilusões e distorções, sentimos a alma cansada, sem nos darmos conta da verdadeira origem e natureza dos males que nos afligem, e frequentemente há necessidade da ajuda profissional terapêutica. Entretanto, quase sempre a reflexão racional, o autoexame e a autoajuda são possíveis e bem-vindos, não só como remédios, mas também como medida profilática saudável. A própria terapia cognitiva inclui o que em linguagem técnica denomina-se *reestruturação cognitiva,* ou seja, reestabelecer ou desenvolver no indivíduo a habilidade de resolução de seus problemas com autonomia, através da capacidade de reconhecer a realidade sem distorções, buscando de forma lúcida e racional, as soluções viáveis.

Assim, ao tomarmos consciência dessas fraudes e distorções, até então inconscientes, contidas nos nossos instintos, mecanismos de defesa do ego, fobias e condicionamentos comportamentais em geral, estaremos dando um passo importante, porém, ainda insuficiente para extirparmos da nossa vida o fantasma do medo, que apesar de inofensivo em sua essência, torna-se poderoso pela força que nós mesmos lhe transferimos. O passo definitivo será dado quando soubermos exercitar o *dom da coragem,* o qual será abordado a seguir.

8

O DOM DA CORAGEM

É UMA CONSTATAÇÃO RELATIVAMENTE óbvia que *ter coragem* não significa não ter medo, mas sim *superar o medo*. Nada mais evidente, uma vez que o medo é uma realidade da natureza humana, e não tê-lo assinalaria grave patologia. Assim, a coragem pode ser definida como a capacidade de dominar o medo inevitável e suas manifestações, o que significa a capacidade de agir, livre da tirania e das influências subliminares do medo, seja ele real ou irracional. Resta-nos, então, saber como obter essa coragem libertadora.

Podemos dizer que *coragem*, no seu conceito mais simplista, é agir de forma racional, como se não houvesse o medo, e fazer isso significa *assumir riscos*. Sempre que os riscos possam ser conhecidos e medidos, podemos enfrentá-los de forma racional e consciente, com foco no objetivo a ser alcançado. É o que comumente chamamos de *riscos calculados*. Isso define um ato de coragem, uma coragem racional, sem exibicionismos ou brilhos falsos, que busca o bem-estar do indivíduo de forma objetiva, racional e madura. Entretanto, apesar de ser algo que está ao alcance de todos, não é um caminho percorrido pela maioria, pois o caráter fraudulento do medo contamina e invade a própria avaliação dos riscos, ampliando exageradamente alguns e introduzindo outros falsos, além de distorcer a percepção das reais motivações que induzem os indivíduos a assumir esses riscos.

Isso tudo ocorre porque o medo, por ser manifestação essencial do ego e um mecanismo de defesa do indivíduo como um todo, adota procedimentos de segurança preventivos, ou seja, na dúvida prefere resguardar-se, o que significa resguardar o indivíduo. Entretanto, quase sempre permanece em dúvida, pois em decorrência de sua própria limitação, considera que qualquer risco ou dano ocorrido no passado pode repetir-se, sem levar em conta níveis de probabilidades e principalmente sem considerar a existência de motivações, que venham de fora desse ego protetor, e que justifiquem correr riscos calculados. Assim surgem as fobias e os condicionamentos.

O ego do indivíduo, que foi exposto a uma situação de alto risco de acidente aéreo, por exemplo, não é capaz de considerar que o risco de tudo acontecer novamente é muito pequeno e que existem razões mais do que suficientes para enfrentá-lo numa nova viagem; por isso fará de tudo para que o indivíduo não mais embarque numa aeronave, porque promover a segurança absoluta do indivíduo a qualquer custo está acima de quaisquer outros valores ou motivações. Insuflar no indivíduo terror e pânico, quando o mesmo entrar numa aeronave será um recurso natural do ego selvagem. Instaura-se, assim, um conflito aflitivo no indivíduo.

Terror, pânico, angústia, tristeza e frustração são consequências desse papel de defensor desprovido de discernimento desempenhado pelo ego. É como um cão de guarda feroz que, ao guardar a residência do seu dono, ataca não somente o ladrão intruso, mas também o carteiro incauto que tenta, paciente e insistentemente, trazer ao seu dono mensagens e informações valiosas.

Há, portanto, certa ingenuidade no ego primitivo, tão próximo do animal. Falta-lhe o gênio humano, altivo e destinado à evolução, que intui e busca insistentemente realidades que transcendam à mera sobrevivência física prazerosa e segura, que pressente e percebe valores superiores, imperceptíveis ao ego.

Na medida em que essa dimensão superior começa a apresentar-se como realidade palpável, não para o ego, que entra em conflito com a mesma, mas sim para esse *'gênio'*, componente íntimo da psique humana, que transcende o ego e não consegue ser açambarcado por ele, o conflito passa a ter revelada sua causa mais profunda.

Quando um bombeiro, no nobre exercício de sua função, por sua conta e risco, sem interesses de reconhecimento e sem que ninguém o observe, vence o medo e arrisca a própria vida na tentativa de salvar a do seu semelhante, age a partir de motivações estranhas e até mesmo antagônicas aos interesses do ego. Nesse momento heroico, não há avaliação de riscos e quase todas as funções e mecanismos primários do ego são defrontados e transgredidos por forças que se manifestam na psique humana a partir de instâncias que transcendem os mesmos, subjugando instintos e condicionamentos. É um ato de coragem por excelência, que supera em termos evolutivos aquela que decorre da avaliação de riscos.

Cabe-nos questionar quais são essas instâncias tão sublimes, capazes de superar riscos, medos e conflitos, levando a psique humana a gestos supremos que desafiam e rompem todas as limitações dos instintos primitivos. Qual a natureza e origem dessas motivações, incompreendidas, às vezes, pelo próprio indivíduo que as experimenta, posto que sua influência e ação muitas vezes precedem sua própria conscientização? Os estudiosos da alma humana chamam essas 'instâncias sublimes' de *self*.

Para que possamos ter uma noção um pouco mais abrangente e aprofundada do que vem a ser o self, basta considerarmos com mais atenção o *Princípio Inteligente*, que habita o nosso '*eu*' mais íntimo, pois é um conceito que origina e, ao mesmo tempo confunde-se com o conceito de *self*.

O corpo humano, por exemplo, possui uma inteligência, ou princípio inteligente, que faz com que nosso coração pulse no ritmo adequado, que nosso aparelho digestivo cumpra todas as suas funções, assim como nossos rins, pulmões e assim por diante.

Embora todas essas funções orgânicas sejam vitais para nossa sobrevivência física, a maioria de nós não sabe quase nada a respeito das mesmas ou de como tudo isso acontece. Portanto, existe algo regendo e controlando todas essas funções, sem que estejamos tomando qualquer providência voluntária a respeito. Temos uma inteligência interna, independente e autônoma, que faz tudo por nós, garantindo nossa sobrevivência e essa mesma inteligência está presente em todos os seres viventes e também nos minerais.

Um cristal, por exemplo, adquire formas específicas, obedecendo a determinadas leis provenientes de uma inteligência, gerando pedras preciosas e joias belíssimas. Uma árvore cria raízes para absorver nutrientes e água da terra assim como folhas para retirar da luz solar meios de desenvolver-se e manter-se viva, gerando frutos, os quais por sua vez fazem-se nutrientes de outras formas de vida, dentre elas a vida animal. Percebe-se assim uma *harmonia inteligente* entre a estrela sol, o planeta Terra, a água, a terra, os vegetais, os animais e assim por diante. O próprio macrocosmo, com suas galáxias e sistemas planetários, assim como o microcosmo com suas moléculas e átomos obedecem a leis integradas entre si, que harmonizam todo o Universo.

Fica claro que uma compreensão profunda e satisfatória desse *Princípio Inteligente*, baseada apenas na lógica é impossível, pois apesar de poder ser observada em inúmeras de suas manifestações, ela ultrapassa a compreensão da lógica humana. Podemos, entretanto, intuir e perceber, a partir dessas manifestações palpáveis, tratar-se de algo que permeia tudo o que existe, gerando uma harmonia universal plena, e que, em última instância, garante a vida no seu sentido mais amplo possível, e consequentemente, nossa própria capacidade de contemplar a tudo isso. É, enfim, a força que está 'por detrás', não só dos fenômenos que observamos, mas também da nossa capacidade de observá-los, senti-los e admirá-los. Dessa forma, são também manifestações inequívocas do self, o encantamento sublime que pode nos proporcionar ouvir uma sinfonia agradável ou admirar uma obra de arte que nos toque a alma, assim como a profunda sensação de alegria que experimentamos ao revermos um velho amigo há muito tempo distante e, enfim, todos os valores elevados, filhos da solidariedade e do amor em todas as suas expressões.

Há uma abordagem sobre o movimento do *Princípio Inteligente* na criação e na alma humana que nos chega através do espírito André Luiz:

> A crisálida de consciência que reside no cristal a rolar na corrente do rio, aí se acha em processo liberatório; as árvores que por vezes se aprumam centenas de anos a suportar os golpes do inverno e acalentadas pelas carícias da primavera, estão conquistando a memória; a fêmea do tigre, lambendo os filhinhos recém-natos, aprende rudimentos do amor; o símio, guinchando, organiza a faculdade da palavra...[5]

Aí está o *self* presente na evolução, na história e no cotidiano da humanidade assim como na

---

5 *No mundo maior*, pelo espírito André Luiz, psicografia de Chico Xavier, Federação Espírita Brasileira.

essência e no coração de cada ser, irmanando-nos e elevando-nos constantemente.

Foi, portanto, esse *self* que compeliu o bombeiro antes citado, ao ato de coragem genuíno e elevado, que suplantou toda e qualquer pressão do ego rudimentar. É claro, entretanto, que o nosso herói poderia, sem constrangimentos de qualquer espécie, ignorar o apelo do *self,* evitando assim colocar em risco sua vida, ou seja, houve um ato livre e espontâneo de atender o apelo elevado proveniente do *self* e exatamente nisso residiu a sua coragem. Nesse caso, mesmo que tenha havido 'risco calculado', todo e qualquer cálculo de probabilidades conspiraria a favor do ego e não do *self,* pois o risco era real e ameaçava a própria vida; era o risco supremo. Essa capacidade de transcender riscos e instintos é escolha e conquista da alma humana madura, é o dom da coragem, que recebemos do Criador quando realmente queremos.

Há, entretanto, uma falsa coragem que se caracteriza por ser uma simples opção entre riscos excludentes. O soldado, por exemplo, que numa batalha cruenta opta por enfrentar o inimigo, com aparente valentia, pode estar simplesmente optando pela alternativa menos sofrida de enfrentar o inimigo a todo e qualquer custo ao invés de sofrer as consequências severas de ser considerado desertor e covarde. A motivação primeira de safar-se do estigma e das punições cabíveis a um desertor reveste-se então de um falso heroísmo, plenamente acalentado e cultivado pelo indivíduo. Houve, nesse caso, um cálculo dos riscos decorrentes de cada uma das opções e o desempenho na execução da opção escolhida pode ter sido carregado de bravura e determinação, entretanto a motivação, embora racional, foi desprovida de valores elevados; foi, sim, a única forma de safar-se de problemas maiores.

Enfrentar os rigores da corte marcial, por exemplo, por considerar no seu íntimo que matar seus semelhantes por uma causa política, normalmente pouco esclarecida, estaria em desacordo com suas mais elevadas convicções, teria sido um ato de verdadeira coragem, uma escolha motivada pelo *self*, que está sempre a esperar um ato de vontade livre para manifestar-se na história humana.

O exercício do livre-arbítrio, portanto, embasa a verdadeira coragem e pode demandar enfrentamentos e trabalhos exaustivos, quando busca o encontro do *self*, ou cenários confortáveis e enfadonhos, quando o mesmo é posto de lado.

Mais uma vez, cumpre-nos olhar para nosso interior. Convém pormo-nos na pele do nobre bombeiro ignorado ou do soldado calculista e condecorado com medalhas de bravura, pois a vida constantemente nos põe em circunstâncias similares, embora nem sempre tão dramáticas. É inexorável que tenhamos nosso livre-arbítrio solicitado. Dificilmente estaremos diante da possibilidade de salvarmos uma vida ou de desertarmos de uma guerra estúpida, porém desafios significativos, no que se refere à busca da nossa felicidade surgem cotidianamente. O ego, em todas essas circunstâncias, arrogante e dominador, estará reivindicando nossas ações de acordo com seus propósitos limitados à sobrevivência e ao prazer, e o *self* estará, por sua vez, incitando-nos a considerar horizontes mais amplos e realidades perenes. Há a falsa coragem que nos condecora e a verdadeira, o dom da coragem, que nos mantém ocultos e sem aplausos.

9

PROCRASTINAÇÃO E DISCIPLINA

ASSIM COMO OS MECANISMOS de defesa do ego, há um comportamento comum em quase todos os indivíduos, conhecido como *procrastinação.*

A palavra vem do latim *procrastinatus: Pro significa* 'à frente' e *crastinus* 'de amanhã' e significa, portanto, adiar ou deixar para depois.

Claro que adiamentos podem ser motivados por questões objetivas, que reclamam o estabelecimento de prioridades ou emergências, entretanto, muitos adiamentos são originados por critérios totalmente subjetivos, tendo por motivação simplesmente evitarem-se tarefas desagradáveis por mera preguiça. O termo 'procrastinar' é normalmente empregado nesse segundo caso, com uma clara conotação negativa.

Mesmo os adiamentos originados pela preguiça, ainda que prejudiciais, podem ser encarados como normais e até relativamente toleráveis, quando forem eventuais e esparsos, sem caracterizar um padrão de comportamento. Porém, o hábito arraigado e compulsivo de buscarmos desculpas para adiarmos repetidamente, e às vezes por tempo indefinido, tarefas importantes e até urgentes, simplesmente para fugirmos de um trabalho, que julgamos difícil ou desagradável, é muito frequente em grande parte dos indivíduos, trazendo graves prejuízos para os mesmos e para terceiros.

Na maior parte das vezes, o adiamento é seguido, de forma imediata, por algo especialmente agradável para quem adia; assim ao invés de iniciar agora uma dieta de emagrecimento ou um programa de exercícios físicos, que há muito vem sendo adiado, deixamos isso para amanhã e sentamos diante da TV comendo um delicioso e calórico lanche, premiando e reforçando dessa forma o ato de procrastinar. Muito comum na vida acadêmica/escolar e profissional, a procrastinação faz estragos significativos, pondo a perder carreiras promissoras e boicotando projetos de vida.

Existem inúmeras causas psicológicas que podem provocar a procrastinação e algumas demandam tratamento profissional adequado. Entretanto, muitos estados psíquicos debilitantes, tais como depressão, baixa autoestima, irritação e desânimo, apresentam-se não como causa, mas sim como *consequência* de uma *procrastinação moral,* ou seja, não tem origem num transtorno psíquico em si, mas sim na displicência, na postura indolente de uma vontade enfraquecida por falta de esforço. Surgem assim condições suficientes para o desenvolvimento da procrastinação *crônica;* os adiamentos seguidos e frequentes causam depressão, estresse e desânimos; os atrasos acumulados agravam o problema e o ranço que a tarefa inspira, reforçando mais ainda a compulsão por adiá-la.

Se a procrastinação moral adia destrutivamente tarefas e trabalhos, existe ainda a deterioração de iniciativas e projetos já no nascedouro pelo simples e total abandono dos mesmos. Perde-se assim o que de mais edificante a vida tem a nos oferecer; desperdiçam-se oportunidades preciosas de experiências, realizações e aprendizado evolutivo. Por ter se tornado crônica e compulsiva, a procrastinação acaba atingindo simultaneamente o trabalho profissional, a família, a saúde, o convívio social e, por consequência, a alegria de viver. Há um acúmulo crescente de pendências de todos os tipos, que se acumulam e se perpetuam aflitivamente; há uma desordem persistente e debilitante, inibindo mais ainda o indivíduo de qualquer tentativa objetiva de ordená-las e enfrentá-las. A própria construção dos seus anseios e objetivos de vida, através da reflexão serena e da observação de si próprio e do universo que o cerca, fica procrastinada e inconclusa, causando o vazio existencial típico, que leva de roldão multidões aos consultórios psiquiátricos.

Ainda uma vez, a força devastadora da preguiça e do medo manifesta-se. As tendências sombrias do ego sobrepõem-se aos anseios elevados da alma humana, e novamente a vítima incauta só irá levantar-se para um esforço consciente, quando a dor provocada pela omissão for insuportável. Não precisaria ser assim.

A questão 909 de *O Livro dos Espíritos* questiona de forma direta essa tendência mórbida da alma humana em evolução:

> O homem sempre poderá vencer as más tendências através de seus esforços?"
>
> Sim, e, às vezes, com pouquíssimos esforços; o que lhe falta é vontade. Ah, e há tão poucos entre vós que se esforçam!

Portanto, esforço mínimo e boa vontade é medicina profilática que poupa terapias, medicamentos, depressões, frustrações e dinheiro. A quantas situações aflitivas fomos levados por nossa livre e espontânea procrastinação moral? E quantas teriam sido evitadas com pouquíssimos esforços da nossa vontade preguiçosa?

A repetição persistente desses pequenos esforços no sentido de buscar de forma racional aquilo que nos convém e nos faz felizes, o que inclui evitar a procrastinação moral, é o que comumente denominamos *disciplina;* é ela a ferramenta evolutiva que pode levar à subjugação de tudo que conspira contra nossa libertação. É ela que, em termos práticos, nos separa dos animais ditos irracionais, pois tem na sua essência a vontade racional.

Existe um sentido da palavra disciplina, referente à obediência aos superiores ou a normas. Um soldado disciplinado obedece ao sargento e um funcionário disciplinado obedece não somente ao seu superior hierárquico, mas também às normas da empresa onde trabalha; entretanto, a disciplina que nos interessa estudar aqui se refere à obediência que devemos prestar a nós mesmos. Caso não obedeçamos aos nossos superiores ou a determinadas normas, seremos simplesmente desobedientes, e eventualmente podemos, até mesmo, ter razões nobres e justificáveis para sê-lo, mas se não obedecermos a nós mesmos, seremos infelizes. Se não tivermos autoridade sobre nós mesmos é bem provável que intrometidos aproveitem-se indevidamente da brecha que deixamos e, por razões interesseiras ou doentias, façam isso por nós. Infelizmente é isso que ocorre com frequência em relacionamentos familiares, afetivos e sociais.

O que significa, porém, sermos obedientes a nós mesmos? Como se estabelece essa disciplina interior?

A disciplina interior só pode existir como tal, quando embasada e seguida pela *decisão*. A capacidade de decidir é, portanto, desde que, posta em prática com persistência, a essência da disciplina e, por conseguinte, condição imprescindível para vencermos o medo, a preguiça, a ignorância e lograrmos nossa evolução.

O processo de decisão envolve por sua vez diversas motivações. É um processo mais complexo do que possa parecer a princípio, ou seja, a psique humana tocada por motivações e informações diversas, articula e combina as mesmas através de critérios objetivos e subjetivos, resultando na formação de intenções ou de opiniões. É, portanto, um processo de livre escolha, entre possibilidades infindáveis. Caso não haja a *livre escolha* no sentido mais rigoroso da expressão, não se trata de uma decisão, mas sim de um ato instintivo. Quando um animal selvagem toma este ou aquele caminho, ou quando age desta ou daquela maneira, está na realidade sendo movido por impulsos instintivos, que nada têm a ver com liberdade ou escolha. É um mecanismo natural, e como tal age de forma automática sem o concurso da reflexão ou da ponderação, que nos irracionais só existem de forma embrionária.

A livre escolha, propulsora de decisão, carece, portanto, da possibilidade de reflexão e discernimento, potências essas que embora componham o cabedal de dons da alma humana, podem até mesmo ser preteridas, deixando que instintos e condicionamentos assumam o controle das ações do indivíduo, tornando-o semelhante aos animais. Há então uma *falsa decisão,* quando somos movidos somente pela motivação dos instintos e dos condicionamentos, sem mais ponderações, e isso ocorre numa frequência maior do que imaginamos, pois sofismas e rotas de fuga diversas são inconscientemente adotadas.

Claro que os instintos primitivos são também dádivas divinas; são motivações que podem e devem ser sempre consideradas. Isso é saudável e necessário, desde que as mesmas não assumam o controle e estejam harmonizadas com a razão e com outras motivações humanas sadias, possibilitando o exercício da disciplina.

A decisão verdadeiramente racional e livre, própria do ser humano que evoluiu a ponto de apropriar-se da razão, baseia-se no critério de avaliação do que *pode ou não* ser bom para a felicidade real e transcendente do indivíduo, ao passo que a falsa decisão, desprovida do discernimento racional, baseia-se somente no que é *agradável* aos sentidos físicos do indivíduo e ao seu ego primitivo e centralizador, colocando o indivíduo numa posição muito inferior a sua verdadeira aspiração e estatura evolutiva.

Na busca racional do que é bom para si, o indivíduo terá mais e melhores possibilidades, na medida em que aumentar o conhecimento das mesmas em profundidade e amplitude. Portanto, investigar e estudar o universo no qual estamos inseridos e as possibilidades de interagirmos com o mesmo, o que implica buscarmos também o autoconhecimento, levar-nos-á a decisões mais sábias e maduras. Esse amadurecimento do processo decisório inclui o paulatino despertar do *self* que, por sua vez, nos induzirá a decisões cada vez mais sábias e à conquista de horizontes mais felizes.

Esse caminhar evolutivo é causa e efeito do processo decisório maduro, ou seja, ao mesmo tempo em que amadurece o processo decisório, depende do mesmo para gerar decisões racionais no que se refere à busca investigativa e ao estudo das infinitas possibilidades ao nosso alcance.

Assim nos deparamos com um empolgante universo de trabalho no qual as descobertas sucedem-se e complementam-se, descortinando aos nossos olhos maravilhas até então insuspeitadas, tudo graças aos passos iniciais, gerados pela força imensa contida nas *decisões racionais maduras.*

O encantamento do *self,* proveniente da decisão pela busca do conhecimento e da prática coerente com o mesmo é, por sua vez, precursor da coragem; é a própria natureza do *dom da coragem,* e ao atingirmos esse nível evolutivo, a disciplina, que em última análise consiste em priorizar motivações, tomando e executando decisões livres e racionais, deixa de ser algo custoso e sacrificante para ser antes de tudo uma aventura excitante e gratificante, que traz em si mesma o carisma da felicidade e da paz de espírito.

10

O DESPERTAR EVOLUTIVO

SE A IGNORÂNCIA DA verdadeira essência de nossos medos é, em si, um mal decorrente da preguiça e da própria falta de coragem, existe nisso um mal ainda maior.

Vivemos com medo, imersos num cenário falso, povoado de monstros de papelão e de torturas imaginárias e se isso, por razões óbvias já examinadas, é em si, um mal tremendo, muito pior é a *paralisia do espírito,* que esse medo provoca. Por ignorarmos que temos pleno e fácil acesso ao *dom da coragem* e ao tremendo poder transformador e libertador do mesmo, permanecemos temendo, anos a fio, ameaças que quase sempre não existem a não ser dentro de nós mesmos e, quando existem, são inexpressivas e de fácil solução; procrastinamos, imaginamos, sofremos e permanecemos, como o Filho Pródigo da parábola de Jesus, na pocilga moral de um país distante, sem nos darmos conta de que bastaria a simples e firme decisão de nos levantarmos e enfrentarmos nossos medos.

Na parábola do Filho Pródigo (Lucas 15, 18-24), a seguir reproduzida, Jesus nos traz ensinamentos profundos que demonstram a aventura do ser humano em busca de valores que satisfaçam sua alma eterna, incluindo o enfrentamento das misérias e ameaças que nós mesmos criamos:

Um homem tinha dois filhos - narrou Jesus - Disse o mais moço a seu pai: - Meu pai, dá-me a parte dos bens que me toca. Ele repartiu seus haveres entre ambos. Poucos dias depois o filho mais moço, ajuntando tudo o que era seu, partiu para um país longínquo e lá dissipou todos os seus bens, vivendo dissolutamente. Depois de ter consumido tudo, sobreveio àquele país uma grande fome e ele começou a passar necessidades. Foi encontrar com um dos cidadãos daquele país e este o mandou para seus campos guardar porcos. Ali desejava ele fartar-se das alfarrobas que os porcos comiam, mas ninguém lh'as dava. Caindo, porém, em si, disse: Quantos jornaleiros de meu pai têm pão com fartura, e eu aqui estou morrendo de fome! Levantar-me-ei, irei a meu pai e dir-lhe-ei. Pai, pequei contra o céu e diante de ti. Já não sou digno de ser chamado teu filho; trata-me como um dos teus jornaleiros. Levantando-se, foi para seu pai. Estando ele ainda longe, seu

> pai viu-o e teve compaixão dele e, correndo, o abraçou e o beijou. Disse-lhe o filho: - Pai, pequei contra o céu e diante de ti. Já não sou digno de ser chamado teu filho. O pai, porém, disse aos seus servos: - Trazei-me depressa a melhor roupa e vesti-lh'a, e ponde-lhe um anel no dedo e sandálias nos pés; trazei também o novilho cevado, matai-o, comamos e regozijemo-nos, porque este meu filho era morto e reviveu. Estava perdido e se achou. E começaram a regozijar-se.[6]

O *ego* do filho ingrato, na ânsia da satisfação imediata dos prazeres e desejos o compele a buscá-los através da posse também imediata da herança a que faria jus após a morte do genitor. Eis aí o *ego* primitivo com suas principais características, o qual, quando ainda não lapidado pelo *self*, despreza tudo o que estiver fora dos seus

---

6 Tradução segundo o original grego pelas Sociedades Bíblicas Unidas. Rio de Janeiro, Londres, New York.

interesses rasteiros de sobrevivência e prazer, conforme as palavras de Joanna de Ângelis, referindo-se a essa parábola:

> Propelido para esse prazer sensorial, asselvajado, as emoções elevadas defluentes dos sentimentos da beleza, do idealismo, são deixadas à margem pela pouca significação que lhes é atribuída ou pela falta de hábito de as vivenciar.[7]

Vê-se claramente nessas palavras, também o desprezo aos *insights* do *self*, contidos "nas emoções elevadas defluentes dos sentimentos de beleza", que "foram deixadas à margem" pelo filho pródigo. Já aqui podemos perceber o caráter educativo das parábolas do mestre Jesus, pois o mesmo ego primitivo que moveu as atitudes do filho pródigo e os mesmos *insights* do *self* nos atingem a todos que, frequentemente e da

---

7 Franco, Divaldo Pereira por Joanna de Ângelis - *Em busca da verdade* - Livraria Espírita Alvorada Editora, 2009.

mesma forma, deixamos de lado os chamamentos divinos.

O grande enfrentamento ocorre, portanto, dentro de nós mesmos, já que fora de nós não há nada a ser enfrentado; há somente o *self* nos esperando de braços abertos como o pai amoroso.

Para quem está há tempos sob os efeitos da *paralisia do espírito* é realmente difícil de acreditar que não haja ameaças externas reais e que o *dom da coragem* já é seu por direito natural. O grande desafio consiste então em simplesmente acreditar nisso. Acreditar que a plenitude do *self* está nos esperando de braços abertos e que não precisamos ser servos de ninguém. Percebamos, porém, que não existe um *acreditar* parcial; se for parcial já é um *desacreditar*, e qualquer restrição na crença desfigura-a, tornando-a falsa. Eis aí, novamente representado, o círculo vicioso do medo/ignorância, que nos aprisiona. Por estarmos muito tempo aprisionados, fomos condicionados a não acreditar, ou quando muito, acreditarmos com restrições. Por isso precisamos de provas para crer, e nosso ego, sentindo-se ameaçado, nos sugerirá medos e razões para não tentar. Só ao tentar, o Filho Pródigo pode descobrir que sofria em vão.

A solução para o rompimento desse círculo vicioso, que pode nos levar a experiências jamais imaginadas pela nossa psique ainda centrada no ego, será assumirmos o risco de tentar, embora o risco também seja imaginário, já que nessa empreitada não há absolutamente nada a perder. Nisso se resume toda a técnica e toda a estratégia para nos libertarmos do medo.

Assim sendo, mãos à obra. "*Nada a fazer senão esquecer o medo*" é o que nos diz a canção de Flávio Venturini, "Eu caçador de mim", a seguir transcrita, que parece traduzir poeticamente a saga do Filho Pródigo, a qual pode servir de roteiro e inspiração para iniciarmos nossa jornada de volta ao *self* libertador:

Por tanto amor, por tanta emoção
A vida me fez assim
Doce ou atroz, manso ou feroz
Eu, caçador de mim.

Preso a canções
Entregue a paixões que nunca tiveram fim
Vou me encontrar longe do meu lugar
Eu, caçador de mim
Longe se vai, sonhando demais
Mas onde se chega assim
Vou descobrir o que me faz sentir
Eu, caçador de mim...
Nada a temer
Senão o correr da luta
Nada a fazer
Senão esquecer o medo
Abrir o peito à força
Numa procura
Fugir às armadilhas da mata escura
Vou descobrir o que me faz sentir
Eu, caçador de mim...

Queiramos ou não, seremos sempre *caçadores de nós mesmos*, pois a luta acontece dentro de nós, quando procuramos esquecer o medo para nos encontrarmos. É o medo que nos impede de nos encontrarmos. Temos que *abrir o peito à força nessa procura, evitando as armadilhas* do ego primitivo, que age sempre como se estivéssemos numa *mata escura.*

Entregues às paixões que nunca tiveram fim, nós e o Filho Pródigo percebemos que o *ego nos fez assim* e por isso estamos *longe do nosso lugar,* perdidos num país longínquo. Estivemos *sonhando demais,* fora da realidade, e nos perguntamos: *Aonde chegamos assim?*

"Abrir o peito à força" é uma imagem forte, que exprime muito bem a natureza do esforço que devemos empreender para extirpar os medos instintivos e condicionados que nos contaminam. Embora tudo dependa de uma simples decisão, deve haver na mesma, força e determinação suficientes para ignorarmos as armadilhas e seguirmos nosso caminho sem contemplações e considerações mesquinhas, que no mais das vezes são pretextos e sofismas do ego, para impedir *o correr da luta.*

Enfim, falta-nos dar mais um passo, que consiste em experimentarmos em termos práticos e concretos um lado da vida ainda desconhecido para a maioria de nós; a vida sem medo, aberta a todas as realizações a que possamos aspirar. Mas novamente, até no momento de darmos o derradeiro passo de libertação, defrontamo-nos com o medo. Por não acreditar no nosso poder de realização, nem ao menos sabemos com clareza quais são, ou seriam, nossas mais elevadas aspirações. Temos, sim, aspirações, porém mesquinhas, limitadas pelo ego e pelo medo, e ainda assim, na maioria das vezes, frustradas e distantes.

Há indivíduos que simplesmente por terem descoberto o verdadeiro *dom da coragem* e terem crido 'sem quaisquer restrições' que é possível libertar-se das amarras mentirosas do medo, conquistaram poder, prestígio, fama e bens materiais incontáveis. Exemplos são abundantes em toda parte e em toda a história. Entretanto cabe-nos perguntar: poder, fama, riqueza, saúde, prazer e beleza resumem tudo o que uma alma humana pode aspirar? Representam o limite da realização humana? Já conhecemos de antemão que a limitação *temporal* é líquida e certa para esses valores, pois, ao menos no que se refere à concretização material, os mesmos cessam com a morte física.

Ainda assim, se considerarmos hipoteticamente que não existe uma dimensão espiritual e que tudo o que somos e temos cessa após a morte física, poder, fama, riqueza, saúde, prazer e beleza são os bens terrenos supremos? Nada melhor pode ser almejado por um ser humano mortal? Essas questões normalmente não são formuladas por indivíduos espiritualizados, por as considerarem irrelevantes, já que a hipótese é falsa e há uma eternidade nos esperando além da existência física na Terra. Porém, refletir sobre as mesmas pode ser altamente elucidativo e edificante.

Mesmo os materialistas mais empedernidos buscam, ainda que sem sucesso, a *felicidade* ou, ao menos, para não nos perdermos em considerações conceituais, um estado físico e psíquico de *bem-estar relativo*, preferindo-o a um estado de sofrimento ou mal-estar. Fora dessa hipótese há os que consideram desinteressante viver e optam pelo suicídio. De fato, não existe outra possibilidade, pois não há quem, em sã consciência, faça uma opção preferencial pelo sofrimento. Aí está o fruto da reflexão: não há ser humano vivente que, cedo ou tarde, não perceba e separe os *meios* dos *fins*. Ao se empenhar na obtenção desses valores terrenos, poder, fama, riqueza, saúde, prazer e beleza, percebe num dado momento, fatigado pelo embate da busca, que aquele 'bem-estar relativo' não está contido nos mesmos. É uma descoberta empírica que procede da constatação, exaustivamente repetida, de dois fatos: o primeiro é que a conquista gradual dos chamados valores terrenos não é seguida do 'bem-estar relativo' mas sim de um prazer inquieto e passageiro logo secundado por sentimentos indefinidos de frustração e tristeza, que aumentam na proporção direta das conquistas. O segundo fato é a percepção em si próprio que lampejos sutis, porém reais e até profundos de paz e bem-estar, parecem proceder de fontes distantes dos valores terrenos, pois se manifestam quando, por alguns momentos, abdica-se ou esquece-se da luta ansiosa por obtê-los ou por gozá-los.

O espírito Fénelon ensina-nos que:

> O homem está incessantemente a procura da felicidade que lhe escapa a todo instante... Em vez de buscar a paz do coração, única felicidade verdadeira deste mundo, ele procura com avidez tudo o que pode agitá-lo e perturbá-lo. E, coisa curiosa, parece criar de propósito os tormentos, que só a ele cabia evitar.[8]

E o espírito François De Genève prossegue no mesmo ensinamento:

> Sabeis por que uma vaga tristeza se apodera por vezes de vossos corações, e vos faz sentir a vida tão amarga? É o vosso espírito que aspira à felicidade e à liberdade, mas,

---

8 *O Evangelho segundo o Espiritismo*, Capítulo V, item 23.

ligado ao corpo que lhe serve de prisão, se cansa em vãos esforços para escapar. E, vendo que esses esforços são inúteis, cai no desânimo, fazendo o corpo sofrer sua influência, com a languidez, o abatimento e uma espécie de apatia, que de vós se apoderam, tornando-vos infelizes.

Acreditai no que vos digo e resisti com energia a essas impressões que vos enfraquecem a vontade. Essas aspirações de uma vida melhor são inatas no espírito de todos os homens, mas não a busqueis neste mundo. Agora, que Deus vos envia os seus espíritos, para vos instruírem sobre a felicidade que vos está reservada, esperai pacientemente o anjo da libertação, que vos ajudará a romper os laços que mantêm cativo o vosso espírito. Pensai que tendes a cumprir, durante vossa prova na Terra, uma missão de que já não podeis duvidar, seja pelo devotamento à família, seja no cumprimento dos diversos deveres que Deus vos confiou.

> E se, no curso dessa prova, no cumprimento de vossa tarefa, virdes tombarem sobre vós os cuidados, as inquietações e os pesares, sede fortes e corajosos para os suportar. Enfrentai-os decisivamente, pois são de curta duração e devem conduzir-vos junto aos amigos que chorais, que se alegrarão com a vossa chegada e vos estenderão os braços, para vos conduzirem a um lugar onde não têm acesso as amarguras terrenas.[9]

Descobre-se assim, por tentativa e erro, que existe uma entidade dentro de si, o ego, que jamais estará satisfeito, e que há outra entidade, o *self*, que além de prescindir da primeira, proporciona paz e bem-estar. É esse o *insight* maior, que usa as próprias limitações do ego primitivo para evidenciar a falência dos bens terrenos que ele tanto exige e com os quais tanto se identifica,

---

9 *O Evangelho segundo o Espiritismo*, Capítulo V, item 25.

e trazer à tona a realidade espiritual que o transcende. É a ação eficaz e inexorável do *Princípio Inteligente Universal* na promoção da evolução de cada indivíduo.

O *dom da coragem* livra-nos das limitações do medo e proporciona-nos a liberdade verdadeira, porque nos habilita a escolhermos com autonomia nossos caminhos e objetivos. Com ele não ficaremos patinando e almejando, mas sim caminhando e conquistando, mas há um porém: se decidirmos com coragem e determinação atender somente aos apelos e prioridades reclamadas pelo ego, lograremos êxito, sem ainda lograr felicidade, mas ainda assim é um caminho pois nos leva por vias tortuosas, alongadas com percalços e sofrimentos, aos braços amorosos da essência divina, onde enfim, cansados e rotos, descobriremos a paz e a felicidade almejada.

O Evangelho segundo o Espiritismo, no capítulo XVII - item 4, aborda de forma clara a saga humana do caminhar evolutivo:

> ...Em algumas pessoas, os laços ma-

> teriais são ainda muito fortes, para que o espírito se desprenda das coisas terrenas. O nevoeiro que as envolve impede-lhes a visão do infinito. Eis porque não conseguem romper facilmente com os seus gostos e os seus hábitos, não compreendendo que possa haver nada melhor do que aquilo que possuem.

A compreensão de que existe algo infinitamente melhor que todas as suas posses ocorrerá pela exaustão da procura de algo satisfatório jamais encontrado nas mesmas, reforçada pela constatação da absoluta instabilidade dos bens materiais, que podem facilmente se esvair, e pelos lampejos da essência divina que frequentemente lhes tocam o coração.

Há no plano espiritual, sempre alinhado fraternalmente com a crosta terrestre, um trabalho assistencial que, em última análise, secunda e amplia as disposições dos encarnados, sejam elas construtivas e corajosas, ou relaxadas e medrosas. Até as mais pérfidas intenções podem, com a permissão sempre sábia da espiritualidade superior, ser auxiliadas na sua concretização, pois por mais destrutivas que nos possam parecer, sempre servirão de precioso aprendizado às almas recalcitrantes que não deixaram para si próprias, naquele momento evolutivo, outra opção de crescimento e descoberta.

Essa influência tão concreta é evidenciada na questão 459 de *O Livro dos Espíritos*:

> Os espíritos influem sobre os nossos pensamentos e as nossa ações?
>
> A esse respeito sua influência é maior do que credes porque, frequentemente, são eles que vos dirigem.

Mais contundente ainda é a informação existente na questão 462:

> Os homens de inteligência e de gênio haurem sempre suas ideias de sua própria natureza íntima?

> Algumas vezes as ideias vêm de seu próprio espírito, mas, frequentemente, elas são sugeridas por outros espíritos que os julgam capazes de as compreender e dignos de as transmitir. Quando eles não as encontram em si, apelam à inspiração; é uma evocação que fazem sem o suspeitar.

Não devemos concluir, a partir de informações tão incisivas, que nosso livre-arbítrio foi prejudicado pela ação dos espíritos, ou que espíritos inferiores possam nos dominar programando-nos ao seu bel-prazer. Vejamos o que nos diz sobre isso a questão 466:

> Por que Deus permite que os espíritos nos excitem ao mal?
>
> Os espíritos imperfeitos são instrumentos próprios a pôr em prova a fé e a constância dos homens na prática do bem. Como espírito que és, tens que progredir na ciência do infinito. Daí o passares pelas provas do mal, para chegares

> ao bem. A nossa missão consiste em te colocarmos no bom caminho. Desde que sobre ti atuam influências más, é que as atrais, desejando o mal; porquanto os espíritos inferiores correm a te auxiliar no mal, logo que desejes praticá-lo. Só quando queiras o mal, podem eles ajudar-te para a prática do mal. Se fores propenso ao assassínio, terás em torno de ti uma nuvem de espíritos a te alimentarem no íntimo esse pendor. Mas outros também te cercarão, esforçando-se por te influenciarem para o bem, o que restabelece o equilíbrio da balança e te deixa senhor dos teus atos.

Jamais seremos francoatiradores no caminho da evolução, muito embora seja frequente a sensação de estarmos remando sós e em mares inseguros. A coragem verdadeira, calcada na determinação sincera e sem restrições de buscar nossa essência divina, clama aos céus, com força estupenda, e legiões de espíritos superiores voltam felizes sua atenção para nossas iniciativas, articulando esforços e trabalhos numa harmonia esplendorosa e eficaz. A percepção desse envolvimento far-se-á nítida, nosso coração será tocado e sentir-nos-emos senhores dos nossos atos e parte ativa dessa horda amorosa de labor divino.

Conheça os romances de sucesso:

Getúlio Vargas em dois mundos
Wanda A. Canutti | Eça de Queirós (espírito)
Romance mediúnico • 16x23 • 344 pp.

Getúlio Vargas realmente suicidou-se? Como foi sua recepção no mundo espiritual? Qual o conteúdo da nova carta à nação, escrita após sua desencarnação? Saiba as respostas para estas e outras perguntas, agora em uma nova edição, com nova capa, novo formato e novo projeto gráfico.

Algemas abertas
Armando Fernandes de Oliveira
Romance espírita • 14x21 • 256 pp.

Acompanhemos com atenção a história de Miguel e Áurea, ambos seriamente comprometidos diante das Leis Divinas ao planejar um incêndio criminoso. Agora arrependidos, nos fazem recordar que a semeadura é livre, mas a colheita é obrigatória...

Noite no cais
Eulália Bueno
Romance espírita • 16x22,5 • 256 pp.

A personagem central desta obra vive uma infeliz noite no cais do porto de Santos. Thereza havia sido prostituta de luxo na cidade... Em paralelo, vemos as noites de disciplina e trabalho devotado das equipes, na luta contra a obsessão. Mas esta não é uma história de escuridão. Muito pelo contrário!

Conheça os romances de sucesso:

A saga de dois irmãos

Wanda A. Canutti | Eça de Queirós (espírito)
Romance mediúnico • 14x21 • 280 pp.

Acompanhemos a história de Miguel e Pedro, dois espíritos a caminho da evolução, para perceber quantos desastres e comprometimentos pode haver quando deixamos as paixões terrenas comandar nossas atitudes, e dela tiremos, para nossa vida, as melhores lições.

Lágrimas de esperança...E a vida continua

Elaine Aldrovandi | Lisa (espírito)
Romance mediúnico • 14x21 • 168 pp.

Livro da doutora Elaine Aldrovandi, de Tupã, SP, relata o drama de crianças portadoras de leucemia. É um convite à reflexão em torno da desencarnação prematura e sobre a grandeza e ternura do gesto de adoção.

Passos de um gigante

Mônica Aguieiras Cortat | Vicente (espírito)
Romance mediúnico • 16x22,5 • 416 pp.

Neto de imigrantes poloneses, Vicente é um jovem que sofre de uma doença rara – seus ossos não param de crescer. Adepto da ideia de que 'somos pó e ao pó retornaremos', passa décadas no umbral, por conta dessa visão equivocada. Já refeito, na Colônia onde foi acolhido, vem através da mediunidade de Mônica, nos contar sua história.

Você precisa conhecer:

O perispírito e suas modelações
Luiz Gonzaga Pinheiro
Doutrinário • 16x23 • 352 pp.

Com este trabalho o autor vai mergulhar mais fundo no fascinante oceano espiritual. Obra imperdível para conhecer sobre o perispírito, suas modelações e os reflexos das atitudes no corpo espiritual. "Uma notável contribuição para o espiritismo brasileiro", no dizer do escritor Ariovaldo Cavarzan

O segredo das bem-aventuranças
José Lázaro Boberg
Doutrinário • 16x23 • 256 pp.

Quem não busca a paz e a felicidade? O autor procura mostrar, ao longo desta obra, que todos temos o potencial da perfeição permitida ao ser humano. Mostra o que devemos fazer em nossa jornada evolutiva, para merecer as bem-aventuranças prometidas por Jesus em seu célebre Sermão da Montanha, enfatizando com convicção que precisamos apenas colocar em prática as mudanças de atitude propostas pelo Mestre.

Oito semanas para mudar sua vida
Elaine Aldrovandi
Autoajuda • 14x21 • 168 pp.

Elaine Aldrovandi elaborou esse livro para nos auxiliar nessa busca incessante de progresso espiritual. Através de uma proposta de renovação de atitudes ela nos incentiva e nos apresenta um roteiro de oito semanas para, como num desafio, nos impulsionar a atingir a meta de reformular nosso comportamento.